U0501379

# 银行信贷财务报表分析培训

## （营销篇）

立金银行培训中心　著

中国金融出版社

责任编辑：贾　真
责任校对：刘　明
责任印制：丁淮宾


**图书在版编目（CIP）数据**

银行信贷财务报表分析培训．营销篇／立金银行培训中心著．－－ 北
京：中国金融出版社，2024. 6.　－ ISBN 978 - 7 - 5220 - 2456 - 1

　Ⅰ. F275. 2

中国国家版本馆 CIP 数据核字第 20246GJ512 号


银行信贷财务报表分析培训（营销篇）
YINHANG XINDAI CAIWU BAOBIAO FENXI PEIXUN（YINGXIAO PIAN）

出版
发行　　**中国金融出版社**

社址　北京市丰台区益泽路 2 号
市场开发部　（010）66024766，63805472，63439533（传真）
网 上 书 店　www. cfph. cn
　　　　　　（010）66024766，63372837（传真）
读者服务部　（010）66070833，62568380
邮编　100071
经销　新华书店
印刷　河北松源印刷有限公司
尺寸　169 毫米 ×239 毫米
印张　12. 5
字数　190 千
版次　2024 年 6 月第 1 版
印次　2024 年 6 月第 1 次印刷
定价　40. 00 元
ISBN 978 - 7 - 5220 - 2456 - 1
如出现印装错误本社负责调换　联系电话（010）63263947

# 前　言

## 既要了解财务报表，又要精通信贷产品

### 一、财务报表是银行产品营销的导航

财务报表背后每个指标都有重大的意义，通过分析这些财务指标，能够为我们的营销行动提供重要的导航。有针对性地为每个财务指标配置最合适的产品，营销将事半功倍。我们既要懂得财务报表，又要精通银行信贷产品、结算产品，还要知道企业财务科目和银行产品之间的对应关系。

我们必须精通各类票据、保函、信用证、贸易融资产品等，能够非常熟练地将它们自由组合使用，为企业创造价值。产品营销一定是组合搭配，只有形成方案才会有价值。

### 二、经营现金流是贷款决策核心指标

从三个维度判断客户：第一个维度是主体维度——"还得了"，即分析企业经营现金流是否正常，监控企业经营状况，防范信用风险；第二个维度是产品维度——"用得对"，即合规使用银行票、证、贷、函、保理等产品，防范合规风险，引导企业正确使用信贷产品，信贷方案与客户的经营特点匹配；第三个维度是合作紧密维度——"用真心"，即企业是否将主要流水放在本行，是否将代发工资等业务委托本行，银企必须彼此忠诚。

### 三、帮助客户做强底子，做大面子，做优日子

资产负债表展示企业拥有的资源，展示企业的底子，通过信贷投入帮企业购置优质资产，做强底子；利润表是经营成果的反映，

是企业的面子，通过供应链融资等帮客户扩大收入，做大面子；现金流量表显示企业是否真正赚到现金，反映企业平时的日子，帮助企业管理好现金流，丰收的时候，多攒钱，歉收的时候，少花钱，过好日子。

银行就是企业的财务顾问，学习财务报表是为了更好地服务客户。

陈立金

# 目　　录

# 第一课  通过报表结合实地调查对企业精准画像

> 财务报表的灵魂是企业的生命和个性，报表里有血有肉，报表里有企业的气质。
>
> 有的企业发展一日千里，如很多强势的互联网公司；有的企业步履稳健，稳扎稳打，如电力、石油等企业。这些气质的不同都可以从报表中发现端倪。

## 一、实地调查并结合主要指标对企业进行画像

实地调查并结合分析企业的资产、负债、权益、收入、现金流量等指标，对企业进行初步画像。一个企业从注册成立就有生命，开始作为一个独立个体存在，报表是企业经营情况的表象化。仅看报表容易被企业造假误导；仅看实地调查，没有结合报表分析，往往会陷入局部，看不到全局，一叶障目。

企业每个经营行为都会将相关信息以一定形式直接或间接地反映到报表中，即账务报表会留痕，记录了企业发展，从报表中可以看到企业是如何发展和演化的。在阅读财务报表时，必须有以下认知。

分析企业首先应当以实地尽调为主、财务报表分析为辅，不仅要重视观察企业的实地厂房，更关注企业实际经营、收付款活动。通过企业结算账户的活跃程度，分析企业的实际经营状况，对企业进行基本判断。其次是进行报表分析，以验证我们的判断认知。一定要避免由财务报表先入为主得出对企业评价，应当根据企业实际经营状况先出画像，再通过财务报表去验证我们的画像准不准。

很多企业报表极为优异，资产规模庞大，账面现金极为充沛，银行分行反映的情况是，"是我们求客户贷款的，否则客户还不借呢。"但是，一介绍企业主营业务，就云里雾里了，没有一处主业，似乎到处都是看潜

力、画大饼、说未来，这类客户不值得投入信贷资源。

应通过实际经营评价一个人的能力，而不是看这个人的简历。评价诸葛亮能力的是博望坡之战、赤壁之战，而不是"隆中对"。

从报表中看到企业发展的趋势，可以对其今后的营销做一个判断，为银行具体的产品和服务提供决策依据。在调查时要按照以下逻辑问询客户。

1. 企业到底是干什么的？

2. 贷款是用于应对应付账款支付吗？是用于主业吗？

3. 应付账款对应的采购对象是谁？采购了多少金额？准备什么时间付款？

4. 应付账款采购的商品现在是存货，还是已经销售了？有应收账款吗？

5. 应收账款对应的销售产品是什么？向谁销售的？销售账期怎么样？

6. 应收账款、存货什么时间能够回款？与贷款能匹配吗？

信贷就是一个资金流封闭循环的过程，信贷解释要能自圆其说，要能解释清楚信贷资金到底用在哪里？用什么来还款？还款的确定性如何？

银行最核心的产品就是存贷业务，吸引结算流水做存款，通过办理贷款支持企业发展。银行解决企业的融资问题，推动资金链的运转，利国利民。

## 二、报表分析就是企业的"体检分析报告"

在报表分析中，银行通过财务指标对企业"体检"，通过指标来对比分析企业的经营状况。就如同患者在医院进行验血、CT等检查一样，通过这些指标来判断一个人健康与否。我们不能为写报告而将各项财务数据简单罗列上去，报表每个项目数据都有意义，就如同我们身体每项健康指标数据一样。

报表分析要对企业发展作出判断，企业是处在上升期、平稳发展期还是下行期。

对报表分析得透彻，就可以有效指导银行营销。分析客户情况，不能简单罗列企业财务指标，而应对其流动资产、资产负债率、周转率等综合分析，找到这些指标背后银行产品营销的机会，营销是帮助企业改善现状的过程。

通过仔细分析应付账款收款对象、结构及明细，就可以判断是提供银行承兑汇票好还是提供国内信用证好。如果对方是实体制造企业，就提供银行承兑汇票；如果对方是贸易公司，就提供国内信用证。

通过分析企业存货品类、存货周转率，就可以判断是提供动产质押贷款好还是提供担保贷款好。对于周转快的企业，适合提供动产质押银行承兑汇票；对于周转慢的企业，应要求存货质押时加入强担保。

通过分析应收账款明细，就可以知道是提供单纯保理还是提供保理加担保贷款。对于应收账款账期确定、债务人实力强、配合修改回款账户的企业，适合提供单纯保理融资；对于应收账款账期不确定、债务人实力偏弱、不配合修改回款账户的企业，适合提供有追索权保理，并配合加入强担保。

**【点评】**

　　诸葛亮在《隆中对》中曾称赞益州"沃野千里，天府之土"。"跨有荆益，保其岩阻"，以荆州、益州作为根据地就是这个道理。银行营销首先必须有战略，然后才实施战术。

## 三、从财务科目得出客户的风险偏好

### （一）流动资产占比高的企业还款能力强

在同一行业中，流动资产、固定资产所占比重可以反映企业的还款能力。流动资产较高企业虽稳定性差，却较灵活；固定资产占较大比重的企业虽底子厚，但掉头难；长期投资较高的企业，利润和风险都高。

流动资产比重高的企业，其资产的流动性和变现能力较强，则短期抗风险能力和应变力就强，但由于缺乏雄厚的固定资产做后盾，经营长期稳定性及发展后劲不足，适合提供短期流动资金贷款和银行承兑汇票。

流动资产比重低、固定资产比重大的企业，其底子较厚，例如，高速公路、电力等垄断行业的企业，其创造长期利润机会多，适合提供固定资产贷款和项目融资。

（二）根据资产与收入联动比较分析企业趋势

分析时应注意把流动资产比重变动与销售收入和营业利润的变动联系起来。如果营业利润和流动资产比重同时提高，说明企业正在发挥现有经营潜力，经营状况好转；如果流动资产比重上升而营业利润并没有增长，说明企业产品销路不畅，经营形势不好；如果流动资产比重降低而销售收入和营业利润呈上升趋势，说明企业资金周转加快，经营形势优化；如果流动资产比重和营业利润、销售收入同时下降，表明企业生产萎缩，沉淀资产增加。

财务报表分析作为银行了解企业财务状况、经营成果及现金流量的综合考察和评价的一种方式，对银行信贷决策至关重要。

## 四、三表结合分析客户的经营状况

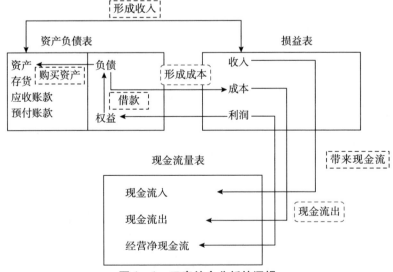

图1-1　三表结合分析的逻辑

企业所有经营活动始于股东，股东想做生意赚钱。企业权益是经营的本钱，支撑起负债，只有股东不怕风险，银行才敢进入；负债项的资金必须被投资于合适的资产，资产项必须有收入；收入必须真实有效，必须带来经营现金流。

要记住，负债不是免费的，会产生成本，成本会导致现金流出。

优质企业：现金流入 > 收入（因为企业有预收账款）

现金流出 < 成本（因为企业有应付账款）

经营净现金流 > 利润

非优质企业：现金流入 < 收入（因为企业有应收账款）

现金流出 > 成本（因为企业有预付账款）

经营净现金流 < 利润

**图 1－2　优质企业的标志**

存货变成收入，收入再变成现金流的时间越短越好，这是优质企业的标志。

例如，制造企业制造出的产品，从原材料到存货再到销售的周期极短，这就是优质企业的标志。

要透过现象看本质。会计报表虽然能够反映企业的财务状况，但它是一种数字表象，企业经营风险往往不容易暴露出来。最需要了解的并不是其漂亮外表，而是它里面到底是什么。

报表真实的企业才值得我们营销，报表优异的企业才值得我们投入信贷资源。

**【点评】**

财务报表分析就如同对企业进行"X光诊断"，据此我们决定是否可以对这个企业提供授信，能提供多大金额的授信，以及究竟该提供哪些授信产品。

财务报表分析对银行具有十分重要的作用和意义，银行进行授信决策，需要进行深入的财务分析，信贷资源一定要"弃暗投明"，千万不要"明珠暗投"。选了袁绍，给再多的兵，再勤奋、再勇敢都没用；选了曹操，就可以以少胜多，价值发挥到最大。

# 第二课 财务会计报告识别企业是否值得营销

> 阅读报表就如同识别英雄。
> 英雄人物，一定是"金戈铁马，气吞万里如虎"。
> 信贷资源就是宝剑，宝剑配英雄。

## 一、三表分析决定信贷三要素

资产负债表决定我们能不能贷，损益表决定我们贷多少，现金流量表决定我们贷多久。

企业掌握的资源由资产负债表来阐述，这是经营的底子；经营能力是损益表的销售收入和利润的反映，这是发展的面子；现金流量表揭示企业是否拥有真金白银的现金流，是生活的日子，这是偿债的基础。

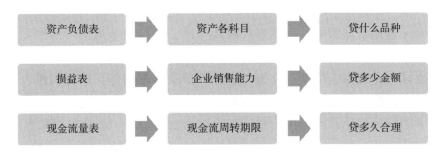

图2-1 三表对应营销思路

## 【分析】

赵云在选择到底是投奔公孙瓒还是刘备之间，选择了刘备。赵云的全身心投入，与刘备珠联璧合，彼此成就。我们银行选择企业也是如此，对看中的企业应全身心投入，既成就企业，也成就银行。你无怨，我无悔，共赴山海。

## 二、资产负债表的揭示

资产负债表揭示股东投入的钱和对外借的钱都用在哪里。

### （一）资产质量好坏决定信贷是否安全

资产质量直接决定企业经营效益，直接决定企业的长期经营安全与否。评价资产质量好坏的第一指标应该是能否带来经营活动现金流，同时还要考虑这些经营活动现金流与主业的相关程度。如果资产与主业高度相关，带来充沛的经营现金流，就说明这项资产质量较好，这是银行判断能否发放贷款的第一依据。

例如，之所以三四线城市的房地产项目信贷质量不高，就是因为人口净流出，难以去化，极难产生现金流。之所以地方经营铁路比国家铁路集团经营偏弱，也是因为很难融入国家骨干运输网，没有客源保证。

如果企业资产质量高，无疑可以加大信贷投入，锦上添花；如果企业资产质量差，就需要降低乃至收回信贷资金，及时上岸。

【分析】

××置地拿地策略：一贯坚持量入为出，坚持现金流第一的原则，根据现金流情况安排投资结构。新资源主要聚焦在一二线城市，接下来的供货重点城市为北京、深圳、杭州、成都、南京、苏州等。这些城市也是目前相对比较稳定、市场表现比较好的城市，短期来讲具有优势。

中国部分房地产巨头由于在三四线城市拿地过多，最终损失惨重。

### （二）资源整体布局决定企业的流动性

资产负债表是反映企业一定日期财务状况的会计报表。资产负债表所揭示的内容，主要是用来帮助银行了解企业在特定时点资产、负债、所有者权益基本情况，分析、评价企业流动性的强弱，以便为决策提供依据。

资产负债表揭示的具体内容包括以下五点。

1. 揭示企业所拥有的经济资源及其分布与结构情况。

2. 揭示企业资金的来源构成、承担的债务和财务风险。

3. 揭示企业权益及其结构情况。

4. 揭示企业偿债能力与财务实力情况。

5. 揭示企业资本结构变化情况以及财务状况的发展前景。

资源布局不合理、固定资产比重过大、企业流动资产布局过低，叠加企业经营能力不足，会导致企业流动性下降。有大量的资产，资产负债率也不高，却不具备还款能力的企业，在房地产业和工业比比皆是。就像没落的贾府，虽然家大业大，但还需要依靠典当过日子。

【分析】

资产负债表给我们提供了一个观察企业直观外貌的方法。就如同为了了解一个人，需要看这个人是大个子还是小个子以及这个人的身材比例等。但这并不足以指导我们作出正确判断，就如同同样是两个大个子，一个是职业篮球运动员，一个是普通人，从外表上并不能判断出这两个人的力量差异。

【口诀】

> 资产负债要平衡，
> 项目彼此合逻辑，
> 营运周转效率高，
> 信贷客户好选择。

## 三、利润表的揭示

利润表揭示企业将股东投的钱和从银行借的钱都用于生产什么了，产品是否卖出去了，使用资金效率怎么样，经营得如何等。

具体内容包括以下三点。

1. 主营业务带来的收入决定我们能否提供贷款以及提供多大金额的贷款。

2. 关联企业创造收入没有任何价值，这些收入只能用来迷惑银行，会为银行信贷投入带来巨大的风险。银行绝对不能因为企业收入高，就核定授信。要剥开表面，分析这些收入是否真是从市场获得的收入，以及这些收入的真实性、可靠性。

3. 要根据主营业务差异来评价企业的经营能力差异。资产规模相同的两个企业，其主营业务销售额可能相差甚远，这就说明两个企业运用资源的能力差距很大。银行信贷属于非常宝贵的资源，要优化配置给最能创造价值的企业。宝剑赠英雄，宝马配好鞍。

【分析】

银行喜欢稳扎稳打的企业，不喜欢挣快钱、挣热钱的企业。要找到像诸葛亮那样稳扎稳打的企业，回避袁术那样急功近利的借款人。

例如，我们在 10 年前有 10 万元资金，如果你给一个企业发放贷款，利率为 5%；一年后本息收回。那么在第二年，就有 105 万元资金可以发放，连续滚动 10 年，你会有 163 万元资金，金额非常可观。银行选择借款人，应当首先关注这个企业是否有积极、稳健、长期的价值观。

时间是检验信贷资源配置效率最好的工具，我们在信贷决策的时候，为什么要精挑细选，就是怕一旦选错，会白白丧失太多其他信贷业务的机会。

这就如同丈母娘挑选女婿，一旦将女儿错配给庸人，可能遗憾终生。

【口诀】

> 好企评估多指标，
> 收入证明企业强，
> 利润确保贷款息，
> 本息覆盖好企业。

## 四、现金流量表的揭示

银行是经营资金的行业，通过在经营资金的过程中实现利润，创造价值。

现金流量表是企业使用资金创造价值的佐证。企业收到钱了吗？你企业自己说的，我不信，需要现金流量来验证。

（一）经营活动现金流要与主业相关才有价值

现金流量表是反映现金和现金等价物的流入和流出情况的会计报表。

现金流量表所揭示的内容，主要是用来帮助银行了解企业现金流入和流出量，由此来判断企业在一定时期内由于经营、投资及筹资活动而引起的资产、负债及所有者权益方面发生的变动情况。

经营活动现金流要与企业主要经营优势匹配。纯粹有经营活动现金流，但是与主业无关，这类现金流的价值也较低。主业经营活动现金流强大是还款保证，我们可以为这样的企业核定授信额度。如果企业每年经营活动净现金流有 2000 万元，考虑到企业其他资产变现，那么就有把握提供 3000 万元贷款。

（二）贷多久要与经营活动现金流周转期匹配

贷款的一个很重要风险是与经营现金流期限错配。如果贷款到期，但经营现金流还没有周转过来，会形成"断档"。依靠临时筹措资金，外部筹资归还前期贷款应对很难，真正靠谱的是企业自身经营现金流。

如果要防范与经营现金流错配风险，那么对企业经营活动现金流分析是第一位的。决定我们贷款多久的是经营活动现金流周转期限，尤其是主业经营活动现金流周转期限。

对于房地产公司，不太适合提供银行承兑汇票，这是因为资金周转期限太长，不确定性因素太多，与银行承兑汇票的刚性兑付不匹配。

对于空调经销商，非常适合提供银行承兑汇票，这是因为空调在夏天极为畅销，回款较多是大概率事件，这与银行承兑汇票期限完美匹配。在授信品种匹配的基础上，再决策选择何种担保抵押物。

（三）贷什么品种要与企业采购特点匹配

如果是采购金额大、商品属性强、长年合作伙伴，就可以多使用银行承兑汇票；如果是采购金额不确定、彼此不熟悉、短期贸易的客户，就可使用国内信用证；如果采购对象属于个人、个体户，如教育行业、施工行业、餐饮行业，那么其工资性支出、施工行业工程款支出、食材支出就可以使用流动资金贷款。银行要根据不同的企业，因企施策。

要精心选择用信品种。用信品种应当结合企业的损益表及现金流量表、采购支出的成本、采购的对应对象、采购现金流支出来决策。如果对象强，就提供贷款现金即期支付；如果对象弱，就提供银行承兑汇票延期支付。

【分析】

现金流量表帮助我们判断企业的经营质量，销售额大不一定质量好，但好企业现金流量一定很大。

现金流量表具体提示内容如下。

1. 揭示企业现金流量的来源和去向，这有助于掌握企业的支付能力、偿债能力和周转能力。

2. 揭示企业现金流量构成，这有助于编制现金流量计划、组织现金调度、合理节约地使用资金、作出投资和信贷决策。

3. 揭示企业现金净流量的多少，有助于分析企业收入质量及影响现金净流量的因素。

同一行业的两个企业，虽然资产规模一样，销售额相同，但是现金流量却可能相差甚多。

就如同跑车和普通车，虽然外表基本一样，同样可以从天津开到上海，但是两者带给我们的舒适度、安全感相差较大。

银行希望从报表分析中得到哪些信息？银行希望能够通过阅读会计报表来评价该企业的偿债能力，并以此作为判断是否可以贷款、是否能够继续贷款、以前的贷款能否收回的依据。

【案例】

某白酒公司营业收入达到 695.76 亿元，较上年同期 576.17 亿元增长 20.76%；同时，归属于上市公司股东的净利润也实现 20.76% 的增长，由 297.94 亿元提升至 359.80 亿元。报告期内，公司经营活动产生的现金流量净额为 303.87 亿元，与上年同期相比实现大幅度的提升。报告期末，总资产规模 2416.04 亿元，相较上年末 2543.65 亿元有所减少。公司股东净资产则达到 2009.16 亿元，较上年末的 1975.07 亿元有所增长。

银行发现，该公司经营规模适中，经营效益极佳，关键是现金流极为充沛，非常值得深度投入资源。无疑，银行适合给这个公司提供现金管理产品，帮助企业管理资金。

【口诀】

经营现金流重要，
净现金流增实力，
不能简单看存款，
贷款只能补缺口。

# 第三课 "购销融理管优"六个切入点

授信产品要与客户经营、资金周转、采购特点相匹配。鞋不是越贵越好，合脚的才是最好的。提供合适的产品于人于己都有利。

## 一、银行产品的六个切入点

目标客户需求及银行产品切入点如图3－1所示。

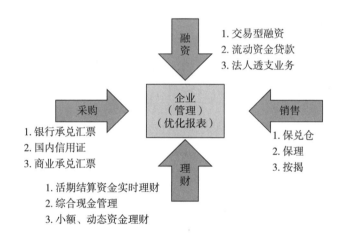

**图3-1 目标客户需求及银行产品切入点**

采购支付、销售回款、融资资金、高效理财、管理资金、优化报表六个需要构成企业的核心需要，银行避免简单地提供流动资金贷款，要学会分析企业的经营模式，找到企业的资金痛点，银行应当从满足需求到启发需求，创造客户价值，做深做透目标客户。

银行对报表分析只是手段，最重要的是开发客户存款，挖掘客户对银行的综合回报。

对企业分析要从以下六个方面入手。

1. 从企业采购环节入手。帮助企业降低采购成本，延缓现金的流出，必要时提前囤货，进行集中采购。企业使用不同的支付工具，其支出成本将大不相同。

首先商业承兑汇票成本最低，基本属于免费；其次是银行承兑汇票，成本为交存的保证金机会成本及手续费；再次是国内信用证，成本为交存的保证金机会成本及手续费；贷款现金支付成本最高，成本为支付的贷款利息。

2. 从企业销售环节入手。企业需要加快销售资金的回笼，支持销售体系建设，提高销售的质量。企业采用不同收款方式，效果相去甚远。银行可以通过设计产品，帮助企业扩大销售，提前收款。

使用保兑仓、按揭，企业收款速度最快，甚至可以预收账款；使用保理融资，收款速度其次，可将远期应收账款变现；使用应收账款，收款速度最慢。

3. 从企业资金融通需要入手。对经营现金流不足的企业，提供资金融通服务，合理融资、合适金额即可，既不能"大水漫灌浇死苗"，也不至于"小雨过地苗不长"，这考验银行精准计算缺口的能力。

4. 从企业闲置资金理财入手。帮助企业对资金进行高效管理，实现资金增值，集腋成裘，理财收益也会惊人。银行应当帮助企业做好小金额资金、临时性闲置资金理财。这种短、频、小额资金理财，才真正考验银行现金管理能力，而大金额、长期闲置资金的定制化的理财，哪家银行都差不多。

从小额资金理财到大额资金现金管理，需要逐步深入。往往金额越小、期限越短，企业越需要理财，对银行的要求也越高。

5. 从资金的集中管理入手。对于一些设立较多分、子公司的集团公司客户，提供现金管理服务，防止集团资金失控。

集团二级账户管理、集团委托贷款管理、成员单位资金管理需要多种产品帮助集团管好资金。资金管理不能"一管就死、一放就乱"。

6. 从优化报表入手。很多企业需要银行协助优化报表，从而实现在资本市场融资等。优化不是造假，而是更好地突出企业的优点，帮助企业规避缺陷。

大部分准上市公司和已上市公司都需要对财务报表进行管理，防止出现虽然经营状况尚可但指标难看的情况。

应收账款保理化、表内融资表外化、贷款票据化、贷款融资供应链化、贷款融资债券化可以帮助企业优化报表。

**【分析】**

一个上镜头的文艺工作者，精心化妆，这不是造假，而是更好地突出优点，尊重观众与作品。

超市里的水果都有卖相要求，虽然可能歪瓜裂枣更好吃，但是没有机会上货架。

## 二、了解报表背后的真实交易

要分析详细的辅助资料。要分析资产负债表的存货，知道其是构成材料多还是产成品多，产成品中有哪些积压等；要分析利润表收入，要知道收入是由主营业务收入贡献的，还是主营外收入贡献的，哪些产品销得多，哪些产品销得少，各自利润率是多少等；要分析现金流量表，需要分析现金流由哪些收入贡献，主营业务贡献现金流是多少。要通过掌握基础数据来验证报表的真实性和价值。

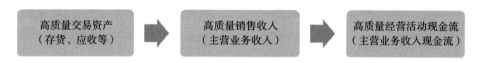

**图 3-2　三表逻辑关系**

资产负债表、损益表的质量高低与经营活动现金流高度相关。能够带来现金流就是高质量的报表，反之，就是低质量的报表。

## 三、分析要为营销提供依据

报表分析不是目的，目的是找到银行产品营销机会，研读企业报表后，要看这个企业能够给银行带来什么样的价值，有哪些产品对应营销，如何精准设计授信方案。

银行要很敏锐，要知道这些数据背后的价值，哪些资产可以转化为贷款，哪些收入可以转化为存款必须一清二楚。

【点评】

表面上，银行营销的是产品，实际上，营销的是信任。在金融行业里，信任是第一位的，只有基于信任才会有成交。

贷款是银行信任别人；存款是别人信任银行。

银行的营销工作，其实都是在取得信任、赢得信任。银行要做的是不辜负信任，让信任持续下去。

# 第四课　报表每个指标都有
# 银行产品营销机会

銀行客户经理要具备当大夫的能力，能够对目标企业体检，找到银行产品的切入点，设计相应的银行授信方案，开出银行的"药方"。

## 一、每个财务指标背后都有对应银行产品营销机会

财务报表是营销的宝库，从报表中可以发现众多的"金矿"，要做个有心人，能够从报表中挖出"黄金"。看到应收票据，肯定有贴现机会；看到应收账款，要营销保理业务；看到其他应收款，对应保函机会；看到固定资产，要推广抵押贷款；看到长期投资，有委托贷款；看到应付薪酬，有代发工资业务。因此，对企业的财务指标要敏感。

在撰写授信调查报告的时候，千万不要为了撰写报告而撰写报告，不要将财务数据简单地堆砌在那里，而没有任何深入的思考分析。

授信报告就是我们每个客户经理的"出师表"，要详细分析该怎么样开发客户，使用什么样的信贷产品，形成什么样的信贷策略，最终达到什么样的效果。

## 二、银行要销售金融服务方案而非单一产品

报表评估既是银行在诊断企业、识别企业风险，也是银行开出药方、帮助企业成功的过程，同时也实现金融产品组合销售。务必要将各类银行产品形成组合，尤其是信贷要与结算组合、公司信贷要与零售信贷组合，形成金融服务方案。只要提供授信，客户就必须在本行办理结算，这样开出一个完整"药方"，就可以让企业安然地接受。

在这里给银行提一个建议：我们就是华佗，给病人开出药方。我们的

目标不是简单地卖药，而是治病救人、救死扶伤，帮人强身健体、造福社会。

【案例】

## ×××集团有限公司对供应商供应链融资

一、企业基本概况

×××集团有限公司，公司经营情况一直良好，依靠自身承接的工程均为市政基建项目、重点工程，在同行排名前列，项目的业主方基本都是市级政府平台公司，履约能力较强、付款及时，依靠自身的结算收入有能力归还贷款。

二、银行切入点分析

该公司股东实力极为强大，股东对下属子公司的资金管理较为严格，控制力较强，对子公司的资金需求能及时拨付到位，付款有保障。该公司有超过100家供应商——钢贸企业、水泥企业。

供应商有大量的应收账款，×××集团有限公司有大量的应付账款（有30亿元综合授信额度，原先为贷款、零保证金银行承兑汇票）。

三、银行授信方案

1. 核心企业：×××集团有限公司。

银行核定30亿元供应链授信额度。

授信额度：30亿元。

授信品种：应付账款担保额度（6个月）＋应付账款融资额度（12个月）。

授信期限：2年期。

贷款利率：LPR＋100个基点。

用信条件：逐笔对应发票提供贷款。

2. 供应商。

名单：由核心企业推荐并切分额度（核心企业已经挂账）。

授信额度：单户不超过1000万元。

用信品种：银行承兑汇票。

用信期限：在×××集团有限公司授信有效期内。

保证金比例：30%。

用信条件：合同及发票。

3. 买方信贷流程图。

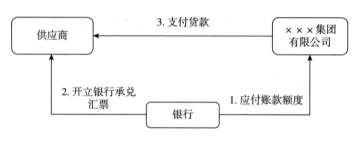

**图 4 - 1　买方信贷流程**

4. 各方优势。

（1）×××集团有限公司优势。

成本测算：担保额度（6个月）＋贷款额度（12个月）。

$$0 \times 6 + 6\% \times 12 \div 18 = 4\%$$

企业的融资成本大幅下降。保证供货商源源不断供货，稳定培养优质供应商资源。

双方分担融资成本压力。

（2）供应商：提前获得资金。

（3）银行：超过10亿元存款回报。

## 三、财务分析的主要目的是识别风险、精准申报授信

财务分析的目的是通过财务比率、财务结构、现金流分析和与行业财务指标对比等，更有效地对申请对象（企业或事业法人）进行深入、全面的分析。

【分析】

报表分析的核心是现金流分析，没有现金流，一切都没有意义，都属于纸上谈兵。

**图4-2 客户经理应具备的报表分析能力**

要认真了解客户的需求；要彻底搞清楚"客户需要什么产品"，根据客户的需要，为客户设计个性化的金融服务方案。现如今，只会简单申报一笔贷款、一笔银行承兑汇票的银行客户经理，对于客户来说价值很低。

【案例】

××地产属于非常优质的开发商，提供授信并不难。但是，如何提高授信收益率是非常困难的命题。

给××地产提供10亿元贷款，肯定是按照最低利率，不会给任何存款沉淀。那么这种贷款的授信方式肯定是低质量的，收益太低。

有以下两种授信思路：

1. 如果10亿元贷款全部转化为商业承兑汇票，或者5亿元商业承兑汇票和5亿元贷款，那么收益会大幅提升。银行可以借助房地产开发商营销上游施工企业、材料供应商，打开巨大的利润空间。

当然，要防范商业承兑汇票兑付风险。××地产必须在授信额度下，经营现金流要对商业承兑汇票兑付有对应安排。

2. 10亿元贷款全部转化为供应链融资。由××地产对上游施工企业确认应付账款，对上游施工企业提高保理融资。这无疑会使定价更高，关联营销代发工资、保函等机会增加。

**【点评】**

必须动脑筋，对重点客户的融资需求不能简单地申报为贷款，必须有方案意识，授信必须形成组合金融服务方案。赤壁之战，周瑜设下反间计、连环计、苦肉计、火攻计。步步连环，这就是整体方案的智慧，单一使用一个产品，效果不佳。一方面可以降低客户的融资成本，满足客户的深层次金融需求；另一方面可以满足银行的多产品交叉销售的收益要求。周瑜用计就是综合方案，文官庞统、阚泽负责连环计、反间计；武官黄盖、程普负责苦肉计、火攻计。

银行对企业进行财务分析的最终目的在于精准选择最合适的产品，需要看哪种产品既能满足客户的需求，同时为银行创造一定的收益，形成银企双赢。只有双赢，才能长远。

# 第五课　如何整体阅读资产负债表

资产负债表展示企业整体实力，是企业"秀肌肉"的过程。

## 【科目概念】

资产负债表是反映企业某一特定日期财务状况的会计报表。

它根据资产、负债和所有者权益之间的结构，按照分类标准和顺序，将企业在某一特定日期资产、负债和所有者权益各项目予以适当排列。

它反映某一会计期间经营活动静止后企业拥有和控制的资产、需偿付债务及所有者权益金额，它是一张静态的时间报表。

资产负债表是企业对外提供的主要会计报表之一，用于反映企业在某一特定日期（一般是在月末、季度末、年末）财务状况的会计报表。它表明企业在这一特定时日所拥有或控制的经济资源、所承担的现有及潜在的义务和所有者对净资产的要求权。

通过对该表分析，可识别该企业拥有或控制经济资源的规模及构成、资产质量状况、企业偿债能力、企业所有者权益构成及财务稳健性和弹性、企业资本金保全及增值情况等。

## 【指标分析】

（一）资产规模不是越大越好，而是越有效越好

我们评价企业资产是否有效的标准是能否带来足够现金流。

很多经销商资产规模较小，但持有的商品变现性极好，例如煤炭经销商、汽车经销商、钢材经销商、铁矿石经销商、石油经销商、粮食经销商、橡胶经销商等，它们带来现金流的能力非常强劲，这类客户就非常具备营销价值，适合由银行提供银行承兑汇票产品。

例如，煤炭经销商通常销售收入远大于资产规模，采取动产质押方式并加入实际控制人个人房产追加担保，办理银行承兑汇票，会带来非常可观的综合收益。

很多特大型制造类企业，其资产规模虽然庞大，但是收入很少，获取现金流的能力较差，资产多为无效的机器设备、厂房等，这类客户不适合银行。

（二）资产将来是要用于还负债的，不产生现金流没有价值

负债是企业借入的资源，资产是资源投入后的成果。负债就如同稻谷、小麦，资产就如同馒头、面包。企业经营者就如同加工师傅，加工师傅的能力决定产出的是馒头还是面包。同样是钢板和橡胶，有些车厂造出来的是跑车，有些普通造出来的就是普通汽车。

资产必须用于归还负债，不是企业的私产，不能变现的资产，早晚都会失去。

（三）结合有效资产与实际控制人人品决策能否提供贷款

首先要评价企业实际控制人的人品、声誉、品德，判断其生产的产品是否有市场，其次决定能否提供贷款。没有人品，光有产品，不能提供贷款；光有抵押，产品没有市场，肯定也不能提供贷款。

【风险提示】

（一）引导企业一定要合理举债

银行要担当企业的财务顾问，企业要在管理负债的能力、经营能力范围之内，在充分考虑自身资金安全的基础上举债。企业家总是冲动的，处在前锋位置；银行家都是谨慎的，处在后卫位置。

有相当数量的民营企业不是饿死的，而是撑死的。它们手中有闲钱，不顾自身资金管理运作能力，不管自己管理能力边界，盲目乐观，抢热点，挣快钱，蜂拥而上，投资地产、金融、白酒，最终存量财富也保不住，银行当然不能随之一起疯狂。

（二）引导贷款必须运用于能产生现金流的项目

负债是企业债务，终究是要归还的，不能不计后果地使用，负债不能有消费型的用途。很多经济欠发达地方修建的楼堂馆所、体育场馆不产生

现金流，没有考虑过拿什么还款。有些企业借款搞面子工程，借款做慈善，风险较大。

（三）引导企业合理匹配负债与自身经营现金流

银行要帮助企业防范出现流动性风险，防止企业不计成本、不计算资金周转期限，只要有项目就借钱。将短期贷款用于长期项目是一场灾难，部分企业使用流动资金贷款盲目并购，进行长期固定资产投资，购买长期股权，最终都产生了严重流动性风险。还未能等到黎明，企业就已经倒下的例子到处都是。成本错配、期限错配、盲目借款是最大的风险。千万不要做简单的信贷员，要做企业的军师、谋士，帮助企业分析政策环境，诊断经营状况，陪企业度过风风雨雨的周期。

【客户示范】

（一）凡是发展好的企业，都会做好资金用途和来源匹配

企业不管规模有多大，都必须做好资金的匹配，量入为出，始终保持安全状态。小而美的企业同样值得银行支持。

例如，某银行支持过一个汽车经销商，就在本地规规矩矩经营××汽车品牌，严格做好资金流匹配，卖多少车，进多少车，不搞冒进，十多年过去了，企业家身价过亿元，平平稳稳地生活，银行也很高兴，一直稳稳当当地进行合作。

（二）企业发展出现高风险，基本都是因为资金错配

如果资金不错配，即便主业发展遇到一些困难，企业往往也能够扛过去。一旦出现错配，往往就被市场"斩立决"。

例如，××企业把大量贷款用于粮油项目、足球项目、金融项目、新能源汽车。无疑资金错配将该企业快速推向危险境地。地产是个黄金行业，有充沛的现金流，企业各自有一个地盘，竞争不激烈。企业出现崩盘是挪用资金的结果，吃着碗里的看着锅里的，眼红不已，结果碗里的饭也保不住。天下的钱都想挣，这样的企业要回避。

（三）凡是发展好的企业都坚守主业

坚持选择有主业的客户，对主业加大信贷投入力度，对多元化的企业尽可能回避，这是银行的本分。什么是主业？主业就是我们平时日进分文的工资收入，可能金额不大，但是它非常稳定可靠，是最有价值的资金流，细水长流。"日见分文不受穷，夜发横财不算富"。××公司能够身处电信设备这个极具竞争性的行业，与大量国外的巨头、国内电信设备厂商同台竞技，最终成为行业之王依靠的是专心致力于电信行业，专注是企业最大的护城河。

**【营销建议】**

资产是远期带来现金流的主要项目，需要根据不同资产确定银行具体融资品种。

1. 应收账款，适合操作保理、应收账款抵押贷款。例如，对药品供应商提供保理融资，严格核实应收账款真实性，通过应收账款转让将债权特定化，这种方式可以极大地降低企业成本。

2. 应收票据，适合操作贴现业务、票据池业务。例如，对煤炭经销商提供银行承兑汇票贴现业务，速度快，效率高，收益丰。

3. 固定资产，适合操作固定资产抵押贷款。例如，航空公司、运输公司最大资产就是飞机和汽车，可以对其提供固定资产贷款用于新购置飞机和汽车。

企业每项资产与银行授信品种有完整对应关系，才是合理融资方案。

需要将某项资产从整体资产中切割出来，以单项资产提供定向融资，封闭自偿，确保即便企业整体出现风险，银行提供的定向融资仍是安全的。

**【案例】**

### ××汽车集团有限公司融资方案

一、企业概况

××汽车集团有限公司生产重型汽车，国内领先，经营实力极强，该公司上下游配套客户众多。

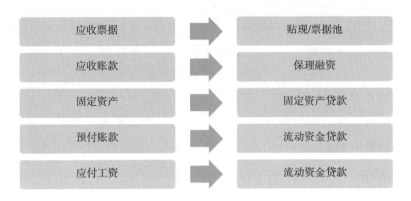

**图5-1 与主要资产负债科目对应的信贷产品**

二、银行切入点分析

1. 反向保理额度,对上游延长付款。

2. 回购担保额度,对下游提早收款。

为解决产品销售过程中信誉良好且需融资支持客户的付款问题,促进公司产品销售,扩大市场份额,公司通过与银行合作,为客户购车提供按揭贷款服务。同时,为购买公司产品而申请按揭贷款的客户提供汽车回购担保,担保额度不超过人民币3亿元。

银行通过这些新产品,可以帮助公司优化财务报表,形成优质现金流。

**【点评】**

很多客户经理喜欢看企业资产负债表货币资金一栏,如果货币资金量大,就很高兴,认为有存款;如果货币资金量小,就反感并不再营销,认为企业没有存款。其实,这是不对的,企业的存款不在资产负债表中,而在现金流量表中。我们应当帮助企业扩大生产经营,吸引企业的经营现金流,延缓现金流出,制造企业的存款,而非拉存款。

诸葛亮为什么出山不选择袁绍，而是刘备？当初袁绍的资产负债表多么漂亮，刘备的资产负债表多么简陋。那是因为诸葛亮发现袁绍的现金流量表很难被改造，而刘备的现金流量表极具潜力。

银行最有价值的是时间，通过主动融入客户的主要业务，可以让银行的服务嵌入客户经营环节，让银行成为不可或缺的商业伙伴，而不是可有可无的角色。

银行客户经理要学会坚强，要学会百折不挠，要学会适应在市场江湖中挣扎。

# 第六课　如何从货币资金中发现营销机会

---
　　货币资金就如同人体内的血液，企业没有利润不一定倒闭，但没有现金流肯定立即死亡。血液奔腾不息，人自然健康。
---

**【指标分析】**

　　1. 企业现金越多越好，银行可以通过金融产品的合理组合运用，帮助企业制造更多的货币资金。这样一是可以优化报表，二是可以进一步增强企业的实力。

　　2. 如果企业有大量应收账款和预付账款，就会占用企业现金流。银行应当帮助企业降低应收账款，减少预付账款，保留珍贵的货币资金。

　　银行最重要的是帮助企业恢复"造血"，不是一味地"输血"。帮助企业建设经营现金流，而不是一味地输入融资现金流。

　　3. 银行对企业的投资决策必须作出评价，评价该笔投资是否属于有效资产。

　　需要判断贷款购买的资产是否可以给企业带来稳定、持续的现金流。现金流如血液一般，周而复始，保证企业肌体的健康。银行人必须熟悉企业投资的项目，有超过企业的眼光，才能真正控制风险。愿意提供项目贷款，不是因为有了抵押物，而是银行也真正看好这个项目。

　　什么是资产？资产就是向口袋送钱的东西。从长期来看，重要的不是企业现在挣了多少钱，账面还有多少钱，而是要看企业能留下多少钱，以及留住多久，是否具备持续的现金制造能力。因此，有效资产对企业最重要。

**【资产转化图】**

　　评价企业资产效率的重要指标是资产向货币资金迁移的速度，速度越快资产质量越好。固定资产经过生产，创造出存货，然后销售，收回现金。从固定资产转成流动资产，再到现金，时间越短越好。

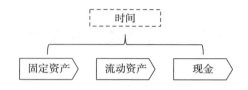

图 6-1 资产转换周期

资产从下向上迁移，质量越来越高。

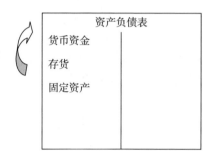

图 6-2 资产迁移

【风险提示】

1. 不能以客户账面是否有大量现金作为发放贷款的依据。很多企业故意在年末"制造"现金、"摆阔气"。当出现问题时，现金可能会"无影无踪"。企业账面现金很容易造假，因为那是时点数。例如，×××上市公司账面有 120 亿元货币资金不翼而飞，导致多家银行贷款不良。上市公司存贷双高的比比皆是，最终都没有还款能力。

2. 银行贷款决策应当依据企业经营现金流。如果经营现金流较大而且真实，据此就可以判断企业经营活动正常。经营现金流极难造假，因为那是企业日常与销售商之间的往来，一定会持续高频发生，客户高度分散，造假成本极高。

【客户示范】

（一）事业单位性质存款大客户

部分事业单位有大量的收费，其承担资金集中管理的职能，因此这类客户往往会聚集大量资金，属于资金蓄水池客户。

当地重点学校、知名医院、烟草公司、法院、政府机构、住房维修基金、地方财政局、地铁公司、公共资源中心、公积金中心等都属于这类客户。

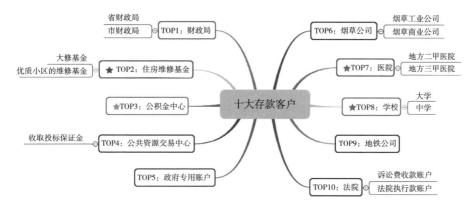

图6-3 十大存款客户

【口诀】

学、医、烟、法、政，维、财、地、两公。

(二) 企业性质的存款大客户

在产业链中处于强势地位的大型钢铁集团、优质汽车集团、品牌家电集团、垄断烟草公司、电信公司都是存款大客户。

这类客户可以对上游客户延迟支付，产生应付账款，对下游客户提前收回资金，产生预收账款，形成资金洼地。

【口诀】

> 核心企业就是强，
> 上下管理有资金，
> 银行存款好客户，
> 优先供应链融资。

### （三）优质平台型存款大客户

例如，很多大型交易平台、电商平台、网约车平台、直播平台、交易平台都沉淀大量的交易保证金、待结算资金，这类资金金额大，沉淀期限长。

【口诀】

> 大型平台优势强，
>
> 交易结算极频繁，
>
> 自身资金极雄厚，
>
> 银行存款好客户。

### （四）发行储值卡的公司

交通卡公司、电信充值卡公司由于提前收取客户的资金，会产生大量的现金沉淀，这类客户非常值得银行大力营销。

### （五）资金被政府监管的房地产商

品牌房地产开发商大量预售资金被政府监管。开发大型项目的房地产开发商往往在银行有大量的预售监管资金被监管。银行在提供开发贷款之外，必须要求企业在本行开立预售资金监管账户，形成稳定的存款。

【营销建议】

1. 对事业单位性质的存款大客户提供大额存单业务、资金管理业务。对各地学校、医院、海事局、交通局、水利局等单位提供大额存单业务，因为客户都极需要这些业务。

2. 对企业性质的存款大客户，提供现金管理及供应链融资服务。

图 6-4  促进企业的现金流增加

对下游，帮助企业降低应收账款，如采用保理融资方式；对上游，可以降低预付账款，通过开立保函等方式，可以促进企业的现金流增加。

（1）反向保理：帮助企业对上游客户产生一定应付账款，延缓现金流出。

（2）商票：帮助企业通过签发商业承兑汇票支付合同款，延缓现金流出。

（3）保兑仓：帮助企业提前从下游经销商处收取合同货款。

**图 6 - 5 增加企业现金流**

银行可以帮助企业制造预收账款，增加应付账款，这样可以大量产生货币资金，可以有效地美化报表，增加企业的现金流。

3. 对部分平台型的客户提供资金清算业务、多级账户产品。

4. 对发行储值卡的公司提供资金存管业务。例如，对美容美发公司、教育公司、超市等发行储值卡的公司，可以提供资金存管服务。

5. 对资金被政府监管的房地产商，提供预售资金监管业务、预售资金监管保函。

对客户要进行分类管理，对潜力非常巨大的客户，要找准客户的需求点，精心设计金融服务方案。

要选准客户，我们的时间和精力就是资源，要对有潜力的客户全力投入，只有这样，才会有可观的存款。要找准客户需求，全力调动自己的精力，调动银行全部资源，为客户提供精心的服务。

对看中的有未来发展潜力的客户，要想方设法解决其问题，用时间、精力、智慧、银行产品去浇注，看着小苗成长为大树。

【分析】

银行最喜欢的客户是现金流充足的客户，能够在自身账户留有大量现金的客户一定是以下类型：

具有最好的商业模式，下游产生大量的预收账款，上游产生大量的应付账款，自身形成资金洼地。

资金缓慢流出，资金快速回流。其基本商业模式为先收下游客户的钱，核心企业无息使用，缓慢消费。

【口诀】

货币资金量要足，
应付账款要减少，
预收账款要增加，
帮助企业增现金。

【案例】

××有限责任公司不断深化机制体制改革，捋顺资产管理关系，构建三级母子公司体制，先后对省内卷烟工业企业实施"9变4""4变3""3变2"战略重组，全面完成企业现代公司制改造。

银行通过提供提高资金沉淀收益率、降低资金闲置率、优化资金拨付方式等现金管理服务。使存量资金收益同比增加95.93万元。大家不要小看这区区100万元，这仅是改善方向创造的，完全是通过管理改善而来的利息收益增加，不包含主营业务带来的存量资金收益增加。

【点评】

烟草公司一直是拓展存款业务的超级王牌客户，搞定烟草，基本就找到了存款密码。烟草公司存款会越来越精细化，强调在存款与经营支付之间取得平衡，银行不是简单地提供存款服务，而是提供存款前期的精算服务，需要考虑如何存，存多久，利最大。

在未来，银行需要的是会计算的精算专家，不是简单的跑单员。

申报授信要洒脱一些，自古以来"谋事在人，成事在天"。"谋事"要竭尽全力，奋不顾身，尽人臣之分；"成事"不妨看破红尘，随性随缘，尽可能洒脱一些。授信项目不获批准，不要进行无意义的埋怨，不如看破，越挫越勇。

# 第七课　有应收票据一定有贴现、票据池机会

应收票据其实就是准货币，应收银行承兑汇票风险较小，应收大型垄断的商业承兑汇票风险同样较小。

不应当将应收票据贴现，而应当考虑以短换长，再造票据价值。在为客户创造价值中，银行捕捉商机。

## 【科目概念】

应收票据作为资产类科目，是企业收到的尚未到期的商业汇票，不包含已贴现的商业汇票。

应收票据包括三类：应收银行承兑汇票、应收财务公司承兑汇票、应收商业承兑汇票。

## 【指标分析】

1. 企业应收票据金额较大，说明在日常交易中大量收取了承兑汇票。对银行而言，营销贴现业务、票据池业务机会较大。

2. 由于应收票据往往脱离企业主体信用，所以银行对中小企业或者经营状况一般的企业提供较大金额承兑汇票贴现，通常其风险也可控。

这三类票据贴现的风险在于承兑人，不在于办理业务的申请人。

## 【风险提示】

1. 应收票据确保企业偿债能力。企业持有的应收票据中，高质量银行承兑汇票是非常有价值的资产，流动性极强，仅次于现金资产，非常容易变现，银行承兑汇票就是准货币，可以随时用于采购支付。在现金为王的时代，应收银行承兑汇票就是准现金。

2. 对这三类应收票据都应该做好风险准入。只有在贸易背景资料齐全、有授信额度、经审验票面没有瑕疵的三类票据，且承兑人有授信额度的前提下，才可以办理贴现或者进入票据池管理。

3. 回避关联公司的融资性票据。对申请人持有的关联公司签发的银行承兑汇票、财务公司承兑汇票和商业承兑汇票，应当尽量回避，避免这类票据办理贴现或进入票据池。宁可无业务可做，也不做关联公司的融资性票据。这类融资性票据的典型特征就是单笔票面金额整齐、期限长，总量无穷无尽，往往你能贴现多少，对方就能开出多少。

**【客户示范】**

1. 哪些企业会有大量的应收票据？

持有票据的企业往往是一些实体制造企业，例如，钢铁、汽车、煤炭、水泥、家电、化肥、机械、军工、铁路、药品等行业的企业，尤其是其中的特大型企业往往因为收款持有大量票据。

表7-1　票据对应行业和客户

| | |
|---|---|
| 持有银行承兑汇票的企业 | 特大型核心企业：<br>1. 钢铁生产企业（如宝武钢铁、首钢股份）<br>2. 汽车生产企业（如上海汽车、长城汽车）<br>3. 煤炭公司（如中国神华、中煤能源）<br>4. 石油企业（如中国石油、中国石化）<br>5. 家电制造企业（如格力电器、美的电器）<br>6. 电脑制造企业（如联想电脑）<br>7. 机械生产企业（如中国重汽、陕重卡车）<br>8. 化肥生产企业等（如中国农资、中化化肥） |
| 持有财务公司承兑汇票的企业 | 财务公司所依托集团的上游供应商：<br>1. 石油供应商（中国石油集团供应商）<br>2. 铁路供应商（中国铁路集团供应商）<br>3. 兵器供应商（中国兵器集团供应商）<br>4. 海尔供应商（海尔集团供应商） |
| 持有商业承兑汇票的企业 | 特大型企业的供应商：<br>1. 施工企业（由大型开发商签发）<br>2. 钢贸企业（由大型施工企业签发）<br>3. 水泥企业（由大型施工企业签发）<br>4. 电力设备企业（由大型电厂签发）<br>5. 药贸企业（由三甲医院签发）<br>6. 石油供应商（由大型中央企业签发） |

**【口诀】**

钢、汽、煤、水、电，化、机、军、铁、药。

找准票据适用行业，对准重要目标客户，进行有针对性的营销，无疑会取得较好的效果。银行各类信贷产品数量极多，我们应当有选择地将票据作为发力的重点，见效快、需求旺、收益丰。

2. 特大型中央企业物资采购都是通过公开招标网站进行的，供应商都会积极参与投标，可以在网上寻找到供应商公示名单。

特大型企业往往设立有独立园区，配套中小企业聚集在园区办公，围绕大型企业园区进行开发，效果往往较好。以上示范的企业都可以按照这个思路营销。这些供应商都持有大型核心企业的财务公司承兑汇票或商业承兑汇票。

**【营销建议】**

营销应当看哪种方式既能满足企业需要，同时能给银行带来收益。向客户营销票据置换业务，可以为客户提供存款利息收益；向客户营销票据贴现业务，可以帮助客户获得流动资金。

（一）营销贴现业务

如果是单一客户，客户自身持票量较大，日常工资性支出频繁，可以营销贴现业务。

贴现是指持票人以未到期应收票据，通过背书，由银行按贴现率从票据金额中扣取贴现日起到票据到期日止的贴息后，以余额兑付给持票人，是融通资金的一种信贷形式。

贴现计算公式：贴息＝票据面额×贴现率×贴现期

贴现票据实付金额＝票据金额－贴息

我们可以聚焦制造业，如煤炭企业、钢铁企业、水泥企业、家电企业、药品企业，这些企业无论是生产商还是供应商都是贴现大户，只要贴现利率适中、贴现速度较快，就一定会有较大贴现业务量。贴现业务较流动资金贷款简单得多，风险又可控，极易出业绩。

（二）营销票据置换的机会

如果看到企业账面有大量应收票据，银行应当分析客户上游产业链，看这个企业上游客户有哪些，客户对上游处于强势地位还是弱势地位，如果处于强势地位，就可以营销以短银行承兑汇票换长银行承兑汇票业务。

（三）沿着应收银行承兑汇票业务流程营销出票人

如果看到企业账面有大量应收票据，可以通过分析企业的下游客户有哪些，我们可以判断是否可以向下游客户营销本行的银行承兑汇票业务。

举例说明，我们在给××钢铁有限公司办理贴现的时候，发现北京××有限公司存在以高频、较大金额的特点向××钢铁有限公司支付银行承兑汇票，便立即通过××钢铁有限公司的关系向北京××有限公司营销业务，很快该公司成为我们的承兑客户，其存款颇丰，具体流程如图 7 - 1所示。

**图 7 - 1　业务流程**

（四）营销票据池业务

如果是大型集团客户，由于成员单位多，所以集团企业有大量应收票据，这就意味着银行可以针对这类客户营销票据池。

银行可以从给客户带来利益的角度来设计营销思路，例如，一个客户账面有 2 亿元应收票据（银行承兑汇票），银行可以营销以短票换长票或大票换小票的业务。如果客户需要现金，可以提供银行承兑汇票贴现业务。

银行必须熟悉企业经营特点，熟悉企业在整个上下游产业链中的强弱地位，才能合理地运用产品，合理地引导企业使用合适的产品。

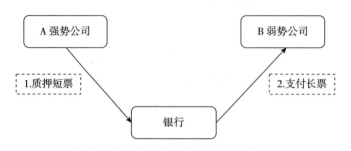

**图 7－2　银行营销短票换长票业务**

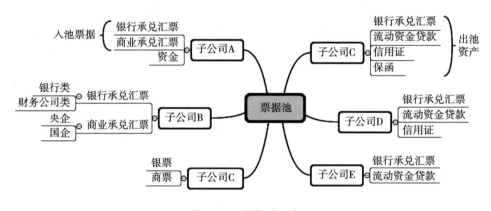

**图 7－3　票据池业务**

只要有票据池，就会有资金池；只要有资金池，就会有存款。抓住企业的票据，就抓住了企业的远期经营现金流。

经营银行，就是经营现金流，通过经营现金流，可以为客户创造价值。

例如，重庆××汽车股份有限公司开展不超过 200 亿元额度的票据池业务，甘肃××水泥股份有限公司及其控股子公司拟与国内商业银行开展合计即期余额不超过 10 亿元的票据池业务。

（五）三类商业汇票质押融资模式

银行承兑汇票、财务公司承兑汇票、商业承兑汇票属于较为流行的三类承兑汇票，这三类承兑汇票最佳变现方式都不是贴现，而应当是质押融

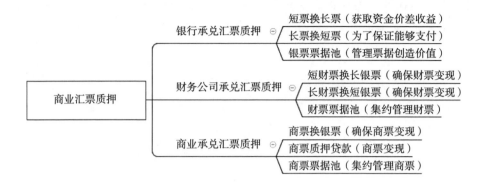

**图 7-4 三类商业汇票质押融资模式**

资。通过质押方式，企业可以降低成本，银行可以获得低风险存款。

票据一直是制造存款最锋利的武器。见到票据不要轻易贴现，要采取拆票、短票换长票、商业承兑汇票换银行承兑汇票等置换方式帮助企业降低成本，而银行可以获得可观存款。票据给银行带来存款的比例一般可以达到1:1。

【案例】

## 武汉市××物资贸易有限公司应收票据融资

一、业务背景

武汉市××物资贸易有限公司采购煤炭，客户接受银行承兑汇票。该贸易有限公司手中有100万元现金，同时有一张票面金额为200万元的银行承兑汇票。

二、银行切入分析

煤炭客户接受银行承兑汇票，客户手中银行承兑汇票金额不足以支付给煤炭经销商，如果直接将银行承兑汇票背书转让可以满足客户结算需要，但客户没有任何收益。根据该情况某银行武汉分行为客户推荐银行新开展的票据业务——"××宝"业务，既可以满足客户结算的需求，又可以让客户获得一部分存款利息收益，客户接受了此方案。

三、银企合作

该物资贸易有限公司将持有的200万元银行承兑汇票在银行办理质押，

同时存入 100 万元保证金，银行为其开出了一张 300 万元的期限为 6 个月的银行承兑汇票。在满足公司结算需求的同时让客户获得了存款利息收益。

**【点评】**

　　知己知彼，百战百胜。银行营销同样如此，必须知己知彼。需要知道并了解客户，需要知道哪些产品可以满足客户的需求。

　　银行只有能够控制客户，才敢提供授信资源给客户，这样才能真正放心地做各类信贷业务。

**【口诀】**

看见票据要记牢，

银行承兑多贴现，

商票不贴换银票，

财票风险看财司，

票据看见眼要亮，

存款靠它不可少。

　　在中国，做人比做事更加重要，技巧可以赢得一时，人品可以赢得一生。客户选择的顺序通常是"先人后行"，先接受你个人，认同你的做事方式、人品、价值观，然后才接受你的银行，人品是你能立足的基本前提。中国还没有一家银行强大到因为你是某银行，所以客户就和你合作。客户经理要懂得"八分的事情、九分的态度、十分的投入"，以及"态度决定一切"。

# 第八课　应收账款少的企业就是好企业

> 好企业的标志是产品好，需求旺，只有收到预收款才卖产品和服务，更别说拖欠它们应收账款了。
>
> 应收账款少的企业就是好企业，是贷款的最佳目标客户。

## 【科目概念】

应收账款属于企业销售未达款项，占用大量资金。

应收账款的盘活管理对于企业意义重大。企业销售形成的应收账款必须进行有效管理，只有这样才能避免坏账风险。销售必须能够收回现金，这样的销售才有意义。

## 【指标分析】

1. 应收占比低的企业就是好企业。经营状况好的企业，其应收占用资金相对较低，货币资金充裕；经营状况不佳的企业，一定是应收积压，非现金资产所占比重较大，货币资金总是处于不足状态。

好企业都是占用别人资金，而不是别人占用它们的资金。

2. 应收账款周转快的企业就是好企业。如果一个企业存在应收账款，但是周转速度极快，基本一发货刚产生应收账款很快就能收回，那么这个企业无疑会对下游客户来说非常强势。

## 【风险提示】

1. 应收账款少不是管理出来的，而是企业产品优质、市场地位强势的结果。很多企业吹管理的牛、吹产品的牛。产品是否畅销不是说出来的，而是由合同结算方式决定的。预收账款就是产品是否畅销的衡量指标，应收账款金额大、期限长就是产品滞销的反映。

贵州茅台的酒、美的家电的空调、苹果的手机就是需要现款现货；不知名的白酒、无品牌的空调都是先铺货。

2. 无数的企业，一旦产生应收账款，没有不经过漫长揪心的司法程序轻轻松松就收回应收账款的案例。要么不产生应收账款，一旦产生应收账款并且拖延，就难以收回来。

3. 对经营状况好的企业提供贷款，回避经营状况差的企业，虽是老生常谈的话题，但是这在实际操作中极难做到。银行往往被一点点存款小利、极高贷款利率所诱惑，逆向选择本不该选择的客户。这就如同吸烟有害健康，鲜有人能戒。

## 【客户示范】

1. 对于知名品牌的代理商来说，如果品牌强，往往代理商也会沾光，因为好货不愁销。

2. 对于知名的白酒公司、手机制造商、石油公司等来说，这类公司基本没有应收账款，无须管理，是钱等货而不是货等钱。

## 【营销建议】

1. 应收账款少的企业现金流较强，适合营销现金管理业务。

2. 为应收账款少的企业提供大额存单业务，提升资金收益。

## 【案例】

××（中国）有限公司是外商独资企业，位于东海之滨、杭州湾畔的工业园区。公司总投资 3000 万美元，是集生产、销售、品牌经营、连锁加盟、文化传播于一体的集团型企业。公司旗下有 12 家企业，形成以投资、合作、授权为经营模式的品牌产业链，在全国拥有 2600 多家销售终端，旗下产品主要以服装、鞋业、皮具、家居为主，在全国具有较高的知名度和影响力。

该公司产品极为畅销，不存在应收账款，银行为其提供大额存单业务。

**【点评】**

　　用经营周转回来的现金流偿还授信最靠谱，必须非常清楚企业的应收账款周转率和预付账款周转率，企业的资产必须在银行融资期限内周转为现金。

# 第九课　甄别应收账款挖掘保理机会

银行根据应收账款为企业的下游客户提供信用额度，银行必须观察企业对下游企业的控制能力，就如同银行对借款人的评估一样。如果企业能够控制下游企业，应收账款就不会产生坏账。

【科目概念】

应收账款指该账户核算企业因销售商品、材料、提供劳务等，应向购货单位收取的款项。应收账款是伴随企业的销售行为发生而形成的一项债权。

【指标分析】

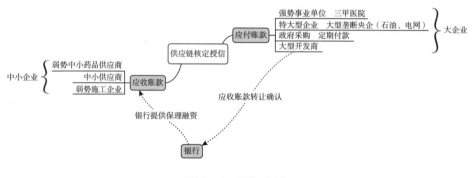

图9-1　指标分析

（一）应收账款与应付账款联动分析

在企业财务报表中，上游供应商的应收账款和下游核心企业应付账款是相对科目，银行对核心企业及供应商应当整体营销。

以应付账款作为风险抓手，对供应商应收账款提供保理融资。提供应收账款保理融资的核心思路是帮助供应商降低应收账款，增加现金流，帮助核心企业减少应付账款，美化核心企业报表。

（二）应收账款需要从两个角度分析

如果从负面角度分析，应收账款无疑会拖累企业，银行会选择回避；如果从正面角度分析，应收账款是银行的一个巨大机会。从中挑取优质应收账款，只要期限清晰，下游核心企业实力较强，同时能封闭回款，就可以操作应收账款保理或应收账款质押融资。所以说，银行应当用辩证的思维去看待问题。正面去看就是机会，反面去看可能是风险，需要看我们怎么去识别。

雨天出去，地面全是泥泞，但是抬头一看，就是一道彩虹。"自古逢秋悲寂寥，我言秋日胜春朝。"

【风险提示】

对应收账款提供融资必须考虑"四锁定"。一锁定应收账款期限，二锁定应收账款回款账户，三锁定应收账款真实性，四锁定核心企业付款责任。

（一）锁定应收账款期限

做保理必须确认应收账款期限，只要应收账款下游买家实力强，而且应收账款期限确定，就是高质量应收账款。应收账款不怕期限长，就怕付款日期不确定。只要付款日期确定，就便于银行做好风控设计。

（二）锁定应收账款回款账户

必须向核心企业提示本行的收款账户是债权人唯一收款账户，要求核心企业进行确认，实现回款现金流封闭。如果不封闭回款现金流，资金很容易被挪用。

（三）锁定应收账款真实性

必须有核心企业书面确认应收账款。如果核心企业拖欠供应商资金，就会占用供应商资金时间价值。核心企业是整个商业链条中的受益者，理应帮助确认应收账款真实性。

（四）锁定核心企业付款责任

核心企业付款必须是无条件的，是没有争议的，需要排除核心企业与供应商之间的争议。核心企业必须承诺不会因为与供应商之间的争议而拒付应付账款，以防止核心企业以合同无限解释权等规避责任。

【客户示范】

哪些企业间存在应收账款？

（一）强势核心企业与上游供应商之间

在产业链中，强势核心企业会有应付账款，上游供应商会有应收账款，从而形成对称关系。

表9-1　强势核心企业与弱势供应商分析

| 核心企业（强势） | 供应商（弱势） |
| --- | --- |
| 1. 汽车厂商（如比亚迪、长城） | 汽车零部件商 |
| 2. 钢铁厂商（如宝武、河北钢铁） | 炉料、焦炭企业（如××焦炭） |
| 3. 超市企业（如山姆、沃尔玛） | 超市供应商（如蒙牛与伊利代理商） |
| 4. 三大电信运营商（如中国移动） | 电信设备企业 |
| 5. 中铁、中建各局（如中建股份） | 钢贸企业、水泥贸易商（如××水泥） |
| 6. 三甲医院（如协和、湘雅） | 药品贸易商 |
| 7. 政府采购中心（如省级采购） | 政府文具供应商（如晨光、齐心代理商） |

银行可以以核心企业应付账款为风险抓手，针对应付账款，要求由核心企业提供应付账款推荐函，对供应商操作保理融资。由核心企业和供应商协商承担保理融资的利息支出。

（二）新厂商与经销商之间

表9-2　新厂商与经销商分析

| 新厂商 | 经销商 |
| --- | --- |
| 1. 食品厂商（如罐头、火腿） | 经销商（如省级代理商） |
| 2. 文具厂商（如纸笔） | 经销商（如区域代理商） |
| 3. 服装厂商（如男士服装） | 经销商（如区域代理商） |

部分核心企业刚刚设立，出于行业内的竞争需要，会扶持经销商，适度铺货，对经销商进行底线赊销铺货，这在制药、汽车、服装、食品等领域经常出现。核心企业对经销商有一定的反担保措施。

**【营销建议】**

1. 帮助企业深层解决经营问题，帮助企业从根本上解决经营中的风险问题。应收账款是企业经营中的风险，我们应该通过金融工具帮助企业把风险隐患彻底解决，而不是一味地解决融资问题。

2. 应当做企业的财务顾问。银行可以帮助企业从经营的角度提高企业经营能力，解决现金流的失衡问题。给企业提供融资只是扬汤止沸，而从经营上解决现金流的问题属于釜底抽薪。未来的银行客户经理一定扮演的是行业专家、咨询顾问的角色，为企业提供诊断治疗服务。

3. 应当采取保理方式出账取代流动资金贷款。在企业有较多应收账款的情况下，宁可给企业提供保理融资，也不要简单地提供流动资金贷款。提供流动资金贷款无法锁定回款现金流，提供保理融资可以锁定这些应收账款，回款还款有明确的保证。

4. 通过三种方式帮助企业降低应收账款。

第一种方式是采取应收账款保理融资和应收账款质押融资的方式降低应收账款，这是治标的方式，可以帮助企业实现应收账款占用现金流的提前收回，但是没有防范应收账款延期风险。

表9-3　常用的两种应收账款融资方式

| 应收账款保理融资 | 应收账款质押融资 |
| --- | --- |
| • 适用于有美化报表需求的客户<br>• 明保理方式 | • 适用于有单纯融资需求的客户<br>• 明质押方式 |

票据保理是指企业将应收账款转让给银行，银行先打一定折扣，再要求企业交一定的保证金，由银行为企业开出银行承兑汇票，完成应收账款转让支付对价信贷业务。

第二种方式是将应收账款改造为商业承兑汇票，锁定账期，适度降低应收账款延期收款风险，银行后续可以操作商业承兑汇票贴现。

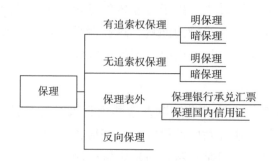

**图9-2 常用保理产品分类**

银行可以引导企业收商业承兑汇票，而非等待应收账款到期。企业本身有应收账款，银行可以引导下游核心企业对其签发商业承兑汇票，由企业持商业承兑汇票向银行申请贴现或质押。银行通过商业承兑汇票，可以将应收账款账期锁定，同时，将下游核心企业付款路径锁定，极大地降低银行授信风险。

**图9-3 将应收账款改为商业承兑汇票**

例如，曾经有一个客户，这个客户给某中央企业子公司供货，常年应收账款期限在3个月左右。这个客户与对方关系非常紧密，银行营销客户想去说服中央企业子公司签发商业承兑汇票。中央企业子公司表示，如果签发商业承兑汇票，必须延长账期，从3个月延长到4个月，银行立刻劝说客户要接受4个月商业承兑汇票，因为3个月应收账款有不确定性，只要中央企业子公司不确权，就没有融资可能性。一旦应收账款转成商业承兑汇票，立刻可以换开银行承兑汇票，看似账期被拉长1个月，但是获得的资金周转盈利完全可以弥补融资成本，还是划算的。对于这种融资顾问方式，客户非常满意。

第三种方式是采取买方信贷、保兑仓消除应收账款。这种方式属于治本的方式，可以帮助企业改变经营模式，促进经营现金流，从根本上消除应收账款。

采取买方信贷模式消除应收账款，买方信贷流程如图9-4所示。

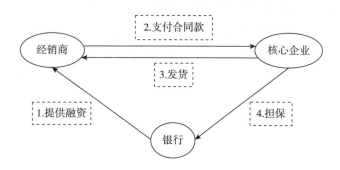

**图9-4 买方信贷流程**

曾经有一个客户——大型服装企业，在全国有经销商，采取铺货方式将货品在经销商群体中销售，每户大概有100万元应收账款，无疑风险巨大。后来银行向这个服装企业提出建议，既然可以给经销商铺货，有赊销额度，干脆将赊销额度转化为担保额度，对银行提供担保，由银行对经销商发放贷款，经销商一次性向核心企业支付合同款。这种买方信贷可以帮助服装企业大幅降低应收账款，使现金流迅速回血。

商业银行的最高级销售阶段是销售商业智慧，融资仅是商业智慧的组合产品之一。银行要告诉客户，客户的未来愿景，银行是可以帮助达到的。优质的大型客户已经脱离需要简单的融资阶段，这就需要银行能够在企业的经营和发展策略方面提供帮助，需要给银行的信贷资源提升附加价值。

**表9-4 经销商赊销与对银行担保的对比**

| 经销商赊销（商业信用） | 对银行担保（保兑仓） |
| --- | --- |
| • 厂商承担信用风险 | • 厂商承担信用风险 |
| • 对经销商软约束 | • 对经销商硬约束 |
| • 厂商承担资金占用成本 | • 经销商承担资金占用成本 |

从本质上来说，开发商为购房客户办理按揭贷款担保、厂商为工程机械购买客户买车贷款、核心厂商为经销商提供担保都属于买方信贷范畴，目的是降低销售厂商的应收，加快现金回流。

如客户资金短缺，不要只简单地提供贷款，而应仔细分析这个企业是不是因为销售模式不对导致现金回流慢。通过供应链融资解决企业销售问题属于治本，单纯解决融资问题往往是治标。

例如，××工业股份有限公司解决信誉良好且需融资支持的客户的付款问题。通过加快公司资金回笼，公司拟为客户提供买方信贷担保，公司向银行申请买方信贷授信，对部分客户采用贷款方式销售设备，即客户向银行申请办理设备贷款购买公司产品，公司为客户（借款人）提供担保，客户（借款人）为公司提供反担保。公司在买方信贷对外担保上实行总余额控制，公司预计为客户提供的买方信贷业务担保总余额将不超过15000万元。

## 【案例1】

### 票据保理收回应收账款

×××贸易有限公司属于焦炭、钢材批发行业客户。针对该客户抵押物不足、企业规模较大、具有一定应收账款债权、上下游客户关系稳定的特点，在信贷规模较紧张的情况下，银行积极发展表外业务，为客户量身定制符合客户需求的信贷方案。银行为×××贸易有限公司办理700万元有追索权公开型票据保理，收取中间收入25.16万元，银行综合收益达9%。

票据保理业务是银行为进一步拓展中间业务收入来源而新近推出的集国内保理业务与银行承兑汇票业务为一体的综合性金融产品，该项业务满足客户的实际需求，有利于该行监控企业信贷资金流向，保障信贷资金用于指定用途，增加该行对公存款及中间业务的收入。

## 【案例2】

### 反向保理延长付款期限

为拓宽公司融资渠道，丰富公司融资产品，××交投生态科技股份有限公司拟向中国银行股份有限公司昆明分行申请1亿元供应链融资业务额度，期限为1年，公司使用该额度进行对外支付，在期限内额度可循环使用。

在期限内，公司及下属全资子公司以应付账款余额情况向中国银行推荐公司或下属全资子公司供应商，并向中国银行出具"授信额度推荐函"

"应付账款确认书"，被推荐的供应商由中国银行向其支付款项，其中单笔金额不超过双方确认应付金额的80%，且不超过1000万元，到期后公司及下属子公司向中国银行归还贷款。

本次申请供应链融资业务额度利率不超过同期贷款市场报价利率（LPR），供应链金融业务利息可由公司及下属子公司、下游供应商或双方共同承担。

【案例3】

### 设备按揭贷款消除应收账款

宁波××公司将大额应收账款消化，减少坏账计提准备。

公司拟向中国银行宁波市科技支行申请综合授信额度为7000万元的贷款，其中5000万元用于买方信贷授信业务。

买方信贷就是在公司提供担保的前提下，合作银行向客户发放专项贷款用于设备款项的支付，如客户未按期足额还款，则公司将履行连带担保责任代其向银行偿还相关款项。

【案例4】

### 保兑仓业务消减应收账款

根据内蒙古××实业集团股份有限公司审议通过的相关规定，现对全资子公司内蒙古××融资担保有限公司对外担保情况披露如下：

担保公司本年度累计对外担保总额为495472.67万元，其中上游供应商担保总额为92075.66万元，下游经销商担保总额为403397.01万元；担保责任余额为229950.73万元，其中上游供应商担保责任余额为100262.96万元，下游经销商担保责任余额为129687.77万元。

【口诀】

> 应收账款看企业，
>
> 三甲应收质量高，
>
> 医院验收做保理，
>
> 短期应收开银承，

保押选择看企业，
美化报表做保理，
简单融资做质押。

【点评】

　　营销要学会抓客户、抓结算、抓产品营销，学会经营客户。通过抓客户争取中间业务收入，而不是简单地投放信贷。应当营销方案，而非产品。

　　客户经理必须有强大的翻译能力，能够将客户融资需求翻译成我们产品的需求，并能够将其有效地转化成金融服务方案。对客户而言，最有价值的是金融服务方案，而非单一的银行产品。客户要的是丰富的菜品套餐，而不是简单的鸡腿。

　　做客户经理不可过于"犟"。一家银行的信贷文化、风险价值观是经多年积累形成的，非常稳固，有时甚至是与生俱来的，根本无法改变。就如同喜马拉雅山脉之巅的冰峰，根本不可能融化。在银行工作应当顺势而为。

# 第十课  其他应收账款可用保函盘活

> 其他应收账款给银行一个视角，小指标有大营销机会，是保函最好的切入点。
>
> 看似金额小、琐碎的其他应收账款，带来的存款颇丰。

**【科目概念】**

其他应收账款是企业应收账款项中的另一个重要组成部分。其他应收账款科目核算企业除买入返售金融资产、应收票据、应收账款、预付账款、应收股利、应收利息、应收代位追偿款、应收分保账款、应收分保合同、其他应收账款、长期应收账款等以外其他各种应收及暂付款项。其他应收账款通常包括暂付款，是指企业在商品交易业务以外发生的各种应收、暂付款项。

其他应收账款主要包括以下四种。

1. 存出保证金，如工程保证金、质量保证金、履约保证金等。

例如，×××集团其他应收账款主要包括保证金/押金、代垫代付款和第三方借款，其中第三方借款为非经营性其他应收账款。保证金/押金为发行人施工总承包项目需缴纳的投标保证金、履约保证金等；代垫代付款为发行人代业主支付的拆迁款和材料设备款等；第三方借款为发行人的下属子公司对合营、联营企业的与其他股东按出资比例共同对项目提供的股东借款。

对应条件：有银行保函业务机会，替代被占用的保证金。

2. 与合作公司的资金往来。

例如，××××股份有限公司关于其他应收账款的情况：形成债权业务主要是支付资金、银行承兑汇票支付、商业承兑汇票支付、票据背书支付、收取资金占用费等，而对方未发货等或未退款。

对应条件：有国内信用证的营销机会，使用国内信用证支付，强力约束对方发货。

3. 与合营企业的资金往来，包括往来款、代收代付款、押金保证金及其他款项。其中，往来款主要为应收合联营企业款项、应收控股子公司的其他股东款项。该类款项与房地产开发采取项目公司模式、每个项目大额资金投入相关。

例如，××股份（含控股子公司）向合联营项目公司提供的股东借款列报于其他应收账款——应收关联公司款项，控股项目公司向除公司（含控股子公司）以外的其他股东调拨资金列报于其他应收账款——应收少数股东款项。其他应收账款排名前五的分别为常熟××置业有限公司、深圳××投资管理有限公司、北京×××置业有限公司、北京×××房地产开发有限公司、北京×××房地产开发有限公司，合计其他应收账款余额为98.24亿元。

对应条件：银行委托贷款业务营销机会，规范与合营公司的资金往来。

4. 应收出租包装物租金；应向职工收取的各种垫付款项，如为职工垫付的水电费、应由职工负担的医药费、房租费等；应收各种赔款、罚款，如企业财产等遭受意外损失而应向有关保险公司收取的赔款等；其他各种应收、暂付款项。

在正常情况下，这个科目核算项目数额都不大。但在现实中，许多企业其他应收账款数额很大。如果企业该科目的余额巨大，与应收账款、预付款余额不相上下甚至超过这些科目的余额，是不正常的。

【指标分析】

1. 经营中其他应收账款属于正常应收账款。一定要分清楚企业其他应收账款是经营中的其他应收账款，还是与关联公司之间往来的其他应收账款。

如果是经营中其他应收账款，如对外缴存保证金、质保金、合同中定金等，这与主业高度相关，属于正常。例如，施工企业、设备企业、园林企业、铁路机车企业、水治理企业，由于经营原因，需要向业主方交存保证金。

如果完全是关联公司之间的往来拆借资金，那么这个指标往往不正常。

2. 其他应收账款占比不能太高。首先要看其他应收账款在流动资产中所占比例如何，一些投资管理型公司主要流动资产是短期投资和其他应收账款，对这类企业的贷款就要格外关注其实际用途。

3. 回避关联公司形成其他应收账款。需要看其他应收账款构成是否为公司关联企业，股东是否存在长期通过其他应收账款占用公司的资金，是否存在"虚假注资或增资"情况，公司是否将长期投资和固定资产投资用其他应收账款进行核算，如果需要，则进一步分析其他应收账款形成时间和原因。

其他应收账款与待摊费用通常是经营性流动资产的主要不良部分，其规模将直接影响企业经营活动成效，为此该部分不应该存在金额过大或波动过于剧烈等异常现象。

【风险提示】

1. 其他应收账款也被戏称为"垃圾箱"科目。许多企业把一些不好列支或需要掩盖真实用途的资金放在其他应收账款科目中。虚壳型投资公司通过与关联公司的大量资金往来，造假做大市值，遇到这类其他应收账款过多的企业时，务必要回避。

如果银行不认同企业的战略，不认可企业的行为方式，就不要去提供大额贷款。就算企业有再多的抵押担保也不考虑，因为道不同，不相为谋。

2. 要能够根据其他应收账款的分布情况，掌握申请人与其他企业之间资金往来情况，判断信贷资金被其他关联企业占用的可能性，如根据上市公司大股东占款情况，判断清欠的难易程度，以及可能形成的损失等。

【客户示范】

1. 施工企业：交存的各类保证金、投标保证金、农民工工资保证金等。例如，北京建工集团、上海建工集团、陕西建工集团都有较大各类保证金。

2. 流通型商户：经销商向厂商交存质量保证金、质量纠纷保证金等。例如，苹果手机、华为公司的代理商都需要支付质量保证金。

3. 旅行社：向旅游局交存旅游纠纷质保金等。例如，云南、广西、海南等地旅行社都需要支付旅游质量保证金。

4. 电商平台、直播平台中商户：主播向平台交存的质量纠纷保证金等。例如，在抖音、阿里平台电商主播商家都需要支付保证金。

5. 涉诉企业：向法院交诉前财产保全保证金、法院要求各类其他保证金等。

6. 房地产公司：房地产公司每拿一块地都会注册一个公司，而且现在大部分地产都是联合拿地，根据持股比例放到联合经营企业，就会产生其他应收账款。

**【营销建议】**

1. 通过投标保函替代企业对外缴存的投标保证金。在政府项目中，政府为降低制度性交易成本，通常允许供应商可自主选择以保函非现金形式缴纳或提交保证金。

2. 通过签发履约保函替代企业对外缴存的履约保证金。在中央企业、国有企业发标的基建工程、设备分包工程，基本可以使用履约保函替代履约保证金。

3. 对银行有价值的各类其他应收账款分析如表 10 - 1 所示。

表 10 - 1　对银行有价值的各类其他应收账款分析

| 工程质量保证金 | 质保金 | 履约保证金 | 安全生产保证金 |
| --- | --- | --- | --- |
| 对象：施工企业（本地各类施工企业） | 对象：知名品牌经销商（如日化产品、知名汽车经销商） | 对象：旅行社、施工企业（如各地施工企业、旅行社） | 对象：煤炭、化工、爆破等行业（如各类安全要求极高的企业） |

银行应当仔细分析其他应收账款的明细，开展有针对性的营销。大部分其他应收账款都可以由银行保函替代。

4. 办理其他应收账款质押融资或者保理融资。当各类质保金对应担保标的结束，但由于核心企业财务审批流程较长所以未能回款，这些其他应收账款已经类同应收账款，不再受质保约束。这时候，企业如果仍需要盘活资金，就可以办理质押融资和保理融资。

5. 国内信用证替代直接付款。对预付款性质产生的其他应收账款，营销企业使用国内信用证规避卖方不及时发货的风险。使用现金付款，卖方不发货、不履约，买方对其约束极弱。采取国内信用证方式，卖方不发货、信用证不会兑付，对其约束极强。

在拼多多、京东购物，都是买家收货后，平台才支付货款给卖家结算，其实，这就是一张电子信用证，平台公司起到了"银行担保"的作用。为什么相信大平台，就是平台本身实力强。

6. 委托贷款替代直接划拨资金。很多公司集团内部成员企业之间的资金往来采取直接划拨方式。银行应该建议企业与关联公司的资金往来务必手续规范，采取委托贷款方式。对中央企业、国有企业的地方子公司采取委托贷款方式管理资金非常有价值。

例如，×××电机股份有限公司决定接受控股股东×××电气集团有限公司以委托贷款方式拨付的中央国有资本经营预算资金总计 1410 万元，通过具备资质的关联方×××电气集团财务有限责任公司向×××电机股份有限公司发放。其中，首次接受 280 万元，贷款期限为 12 个月，贷款年利率为 3.465%；第二期接受 420 万元，贷款期限为 12 个月，贷款年利率为 3.333%；后续分批次办理手续（以签订委托贷款合同日期为准），贷款利率将以同期中国人民银行发布的基准利率为参考。

【案例】

## ××路桥有限公司工程质保金

一、企业基本概况

××路桥有限公司主营业务为从事公路工程、桥梁工程、隧道工程和市政交通工程等公共交通基础设施的施工，因而应收账款主要来自业主结算，业主按照工程进度分期计量，扣除质量保证金、农民工保证金等后根据业主资金情况支付工程款。

与业主签订工程合同一般约定工程完工后 2 年左右为工程质量保证期，并保留工程价款的 5%～10% 作为工程质量保证金。业主在每期支付工程计价款时，扣除结算金额的 5%～10% 后支付给公司。随着业务规模扩大，质保金余额会相应增加，工程质量保证金余额为 1.47 亿元。

二、银行切入点分析

某银行发现该公司报表中有大量其他应收款，向该公司积极营销，通过签发保函替代工程质保金，可以为客户节省宝贵的现金。

**【点评】**

　　银行最有效的营销方法是培训客户。首先对客户进行思想动员，进行思想培训，让对方接受银行的思想，然后再销售银行的产品就会非常容易。针对企业怎样融资最合理、怎样管理资金最有效的问题，银行必须提出思路。

# 第十一课　帮助企业配置低风险交易性金融资产

> 银行可以营销大额存单等低风险产品置换企业的高风险交易性金融投资。企业的主业是生产经营，不是靠投资金融资产来生存。

【科目概念】

交易性金融资产是指企业为交易的目的所持有的债券投资、股票投资、基金投资等交易性金融资产，持有的目的是近期出售以便在价格的短期波动中获利。

【指标分析】

1. 关注交易性金融资产数量变化。交易性金融资产金额应该是经常变动的，若交易性金融资产跨年度都不变且金额波动很小，极有可能是被用于长期投资。

2. 核查投资收益情况。交易性金融资产收益具有盈亏不定、笔数较多的特点，而长期投资一般具有收益稳定、业务笔数较少的特点。

3. 分析交易性金融资产构成。交易性金融资产通常由理财、债券、信托、基金构成，需要穿透底层资产进行分析。不能简单地评价理财、债券风险小，基金、信托风险大。如果底层资产都是同样的借款人，则风险无差别。

例如，江苏××环保股份有限公司使用自有资金或暂时闲置募集资金购买安全性高、流动性好、保本型的理财产品或存款类产品（包括但不限于协定性存款、结构性存款、定期存款、大额存单、通知存款等）。

4. 通过交易性金融资产的变化还可以看出企业的经营风格和投资趋向。

【风险提示】

1. 企业持有交易性金融资产的大小往往表现出企业经营风险偏好。部分民营企业经营激进，投资股票、信托计划等的资金，占比极高，很容易影响主业。对于热衷投资股票、信托计划的公司，建议退出。

2. 交易性金融资产应当适度，而非过度。适度谨慎地布局交易性金融资产可以避免资金闲置，提高资金收益；激进过度地布局交易性金融资产，会导致企业资金处于高风险状态，得不偿失。

**【客户示范】**

1. 新上市公司往往刚刚募集完资金，闲置资金较多，有购买各类理财的需要，银行此时可以积极营销理财产品。

2. 设立集团统一资金池的总部往往汇集了下属公司的资金，有较大金额的资金沉淀，同时时间周期较长，银行可以积极营销短期理财产品、现金管理产品。

3. 学校、医院、烟草局等客户虽然资金量较大，且沉淀时间较长，但由于受到上级单位的严格管理，它们通常不会买任何理财产品，所以银行只能营销大额存单、定期存款。

**【营销建议】**

1. 营销银行代销的理财产品。一个企业持有较大金额交易性金融资产，说明企业的经营风险偏好较高，对银行各类理财产品肯定有一定的包容性，这类企业就可以积极营销银行存单、理财产品。帮助企业降低投资交易性资产的风险，将股票、开放式基金金融资产转化为大额存单、固定收益理财。

| 股票、基金等交易性金融资产 |  | 大额存单等固定收益理财 |
| --- | --- | --- |

**图 11 - 1　股票等高风险资产转向大额存单、固定收益理财等低风险资产**

例如，山西×××厂股份有限公司发布公告称，拟以不超过 200 亿元的闲置自有资金购买安全性高、流动性好、低风险的结构性存款。

2. 对于频繁买高风险理财的客户，禁入信贷。如果发现企业经常购买较大金额的高风险债券、高风险信托计划、高风险衍生品，说明企业经营风格较为激进。部分企业或为增厚利润，投资收益占同期净利润的份额较高。对银行信贷而言，这类客户往往不予准入。信贷客户一定要选择稳健的客户。相对于银行理财产品，信托产品收益率明显要高，风险也大。

例如，多家上市公司卷入某信托公司理财产品，损失惨重。

3. 对企业提供顾问服务。银行应作为企业的参谋，帮助企业降低风险。企业应专注于自身主业，收入和利润主要来源是主业，不应依赖投资性、交易性金融资产。依靠投资性金融资产创利，这是本末倒置。搞生产赚取的辛苦钱，还是应该稳妥投资低风险银行理财，最好是银行大额存单。

喜欢炒股的上市公司、喜欢多元化的上市公司、喜欢挪用资金进入快钱领域的上市公司，最终结果基本都是损失惨重。

很多大企业委托外部咨询公司做战略顾问，其实银行见过各种类型客户的生生死死、起起伏伏，哪些客户采取的经营模式发展得更好，哪些企业采取什么方式走过弯路，银行都有亲身经历，银行更有资格提供顾问，未来银行顾问服务的前景需要被看好。

【案例】

×××有限公司生产各类知名药材。该公司交易性金融资产账面余额从年初的4.2亿元下降到2.16亿元，这一变动主要是证券投资亏损和处置部分证券造成的，说明该公司在逐年收缩证券投资规模。

近两年，有超百亿元的证券投资不但没有给×××公司带来高额收益，反而拖累、吞噬主业利润。这应该也是×××公司清空几乎所有股票，转向债券投资、长期股权投资的一大原因。

【点评】

　　每个银行要建立自己的营销规划及预算，为自己的营销提供方向。在年初，要确立向哪个方向努力，要开发哪些类型的客户，对客户提供怎样的授信方案、规划方向，同时确定对哪些客户投入多大的人力资源和时间资源。营销最害怕没有方向，没有方向一切都是徒劳。营销最怕没有预算，最怕不分重点地投入一样的时间和精力资源。

客户经理最大的财富就是时间，宁可做 10 个有确定可能的中型客户，也不要在一个明显不可能的大客户身上耗时耗力，懂得放弃不失为一种明智的选择。

# 第十二课　存货对应营销动产质押融资

　　货币变成商品，然后再次变成货币，形成生产经营的正向循环，为社会创造不断的财富。选择能"动"的存货，而非价格会"涨"的来提供动产质押融资。

## 【科目概念】

　　存货是指企业在日常活动中持有以备出售的产成品或商品、处在生产过程中的在产品、在生产过程或提供劳务过程中耗用的材料、物料等。

　　存货区别于固定资产等非流动资产的最基本特征是企业持有存货的最终目的是出售，无论存货直接销售，如企业产成品、商品等，还是需经过进一步加工后才能出售，如原材料等。

　　如果看到企业报表中有大量存货，通过分析存货的质量，发现最好的存货资产包括煤炭、钢铁、石油、纸浆、有色金属、大宗粮食、纸品、畅销汽车等，银行就可以提供动产质押融资。

## 【指标分析】

　　1. 流通型企业持有大额存货。很多流通型企业，如钢铁经销商、汽车经销商、煤炭经销商会有大量存货资源。例如，汽车经销商必须保留足够备用车以备销售。煤炭经销商必须保留煤炭，以便淡储旺销。针对这些企业，银行可以提供动产融资。

　　2. 制造企业持有一定存货。制造企业持有与其经营规模合理匹配的原材料存货，大型制造企业通常需要准备一定物资、原材料等来保证生产正常运行。例如，铝管制造商会有铝原材料存货。对这类企业可以提供动产质押融资。

## 【风险提示】

　　1. 存货看对象。有存货并不见得是坏事，关键看有存货的是谁，如果是名酒厂有存货，这是天大的好事，它会不断增值；如果是不出名酒厂有存货，那它属于滞销的产品。

2. 存货看流动性。存货必须具备较好的流动性，需要有极好的销售历史。存货的本质是动，而不是存。家电经销商在冬季囤空调、旅行社在每年3月囤热门航线机票、煤炭经销商在夏天囤煤都是正确决定，这样银行提供的贷款用途合理。

【客户示范】

1. 季节性备货的大型电厂往往有大额存货需求，火电企业需要大量存储煤炭资源。五大发电集团下属电厂都有较多煤炭储备，适合提供保贴商业承兑汇票。

例如，在浙江、江苏、广东有大量的煤炭经销商，有着深厚的发电厂商资源，需要大量备货，尤其是在每年3月至4月会大量备货，适合提供商业承兑汇票贴现或保理。

2. 家电经销商往往有大量的存货需求，家电经销商在春季、冬季大量地备货空调等产品，在夏天大量备取暖产品，适合提供银行承兑汇票。

例如，品牌家电企业有大量经销商，都需要大额存货，适合提供动产质押银行承兑汇票（额外加入实际控制人房产抵押）。

3. 在汽车产业链中，存货往往在经销商那里，由于厂商压货，经销商会有大量的存货，适合签发银行承兑汇票。

例如，汽车品牌的经销商，持有价值较高的汽车存货，适合提供动产质押银行承兑汇票（加入实际控制人个人房产抵押）。

4. 药品经销商往往服务于多家医院，随时准备向医院供货，药品经销商的备货金额较大，适合提供保理融资。

例如，在大型制药企业和三甲医院之间，一定会有药品经销商。大型制药企业按需生产，存货量很小，三甲医院会将库存外延到经销商，需要的时候才提货，因此经销商占用资金量非常大。药品经销的本质是类金融，是一个以空间换时间的行业。

5. 有一个很有意思的现象，旅行社也在备货，旅行社往往在每年2月、3月就大量向航空公司支付预付款，以预定7月到9月的座位，为此急需银行提供预付座位贷款。这样一来，已经锁定的座位对旅行社来说就是存货。这类存货无疑价值极高，适合银行提供法人账户透支业务。

我们每个人也在支付预付款，购买地铁卡、提前半年预定酒店、预交学费等支出都属于预付款。

【营销建议】

1. 对持有原材料的大企业的供应商，营销动产质押。例如，××电器的某供应商有大量铜管存货，这些铜管的价值较高，银行通过将存货作为质押，核定2000万元的授信额度。

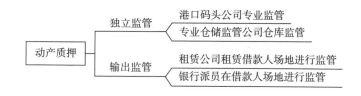

**图12-1　动产质押监管分类**

2. 对持有畅销产品的知名品牌经销商，营销动产质押。例如，某汽车4S店有100多辆优质品牌汽车，每辆汽车平均价值40万元，100多辆价值在4000万元左右。企业只需要2000万元的融资，可以将100多辆品牌汽车作为动产质押，实现风险可控。

3. 对有大企业订单保证的未发货中小制造企业营销订单融资。例如，福建泉州一个生产罐头的企业，生产蘑菇罐头，还有6个月才出口，企业希望拿这些罐头提供给银行质押。这批罐头的出口有出口信用证作保证，非常有价值，银行就可以提供融资。银行提供200万元出口打包贷款，帮助企业盘活存货。

4. 对大企业驻厂供应商营销动产加保理组合融资。通常很多中小零部件供应商在汽车厂指定仓库备有大量零部件，虽然物理上这些仓库属于汽车厂商，但是只有在供应商开出增值税发票后，实物权属才会转移给汽车厂商，实现存货转移。立足存货，对中小零部件供应商提供动产质押加应收账款融资非常适合。例如，在长春××集团的产业园，周边有大量的零部件供应商。

## 【案例1】

### 货押业务授信方案

一、申请方案

申请人：××汽车销售服务中心有限公司

质物：××品牌进口汽车

出质人：××汽车销售服务中心有限公司

业务模式：现货质押＋未来货权质押

授信品种：银行承兑＋流动资金贷款＋法人账户透支

供货方：××汽车销售有限公司

货权形式：动产

仓库位置：××区××路

监管人：天津公司

监管模式：动态

监管合同：标准合同

厂、商、银合作协议：非标准合同正报批

取值方法：购入增值税发票价格与××官方网站孰低

保证金比例：30%

质押率：70%

赎货期：现货质押4个月，未来货权质押6个月

回购/担保安排：无回购，由××汽贸有限公司提供担保

二、货押业务方案流程描述（或流程图）

未来货权质押模式：出质人××汽车销售服务中心有限公司与银行向供货方汽车销售有限公司发出通知函，要求其将从银行转账资金或开立的银行承兑汇票所购车辆及相关单证交接给出质人与银行共同认可的两个代理人，××汽车销售有限公司在收到通知函后回复确认，在收到从银行转账资金或开立的银行承兑汇票后60天内，向出质人与银行共同认可的两个代理人交付等值车辆及相关单证，并承诺未获银行同意，不予补办车辆相关单证，如未能在承诺期限内交付车辆及相关单证，则须在5个工作日内退还未发出车辆及相关单证所对应的款项入××中心在银行的保证金账

户，××中心与银行签发的"通知函"及××回复的"确认函"具有与银行《厂商银协议》相当的效力（报分行法律合规部审核中），能够保证银行在约定的期限内收到等值车辆及相关单证。车辆到库后，转入现货质押流程，由中国××天津公司提供监管服务，所有质押车辆相关单证由主办经营单位入库保管，出质人付款入保证金账户赎车及对应单证，要求在120天内完成赎货。

现货质押模式：出质人××中心将库存车辆及相关单证质押给银行，由中国××天津公司提供监管服务，银行参照70%的质押率为其核定额度，办理融资放款，质押过程中出质人付款入保证金账户赎车及对应单证，在120天内完成赎货。

三、申请人情况

（一）上游供货商基本情况

注册资本：3亿元

主营业务：天津××汽车有限公司、××汽车销售有限公司授权品牌汽车销售；汽车技术咨询；承办展览展示；广告策划；汽车租赁；汽车维修技术培训；货物进出口、技术进出口、代理进出口。

××中心开业要求库存车辆不低于160辆，包括从价值18万元的起步车型到价值1000余万元的车型，要求所有车型各种颜色齐全，对外营业后，正常库存在200～240辆。

（二）交易情况

双方于年初商定本年度销售计划，具体各款车型可按实际需求进行调整，先款后货，收款后60天内××汽车销售有限公司将车发至指定仓库，货物运输采用专用挂车。

四、质押货物情况

××全系列约20款车型，均由德国工厂生产，通过海运方式运至中国，所有车辆经我国海关检验，出具进口汽车商检单，达到在中国大陆的销售标准，可以投放市场。物理特性稳定，无包装及特定储藏要求。

五、监管库情况

仓库位于××中心所在地，天津市××区××路，自有产权，库容超过400辆，进出车辆顺畅，易于对车辆监管，能够满足监管方的要求。

六、风险点及控制措施

1. 一旦出现车辆销售不畅、库存持续增加的局面，即刻采取措施要求降低市场利润，加快销售，按期偿还融资款。

2. 考虑到××汽车销售有限公司的销售策略，基本不会出现货物跌价超过平仓警戒线、要求变卖车辆的风险。

3. 主办经营单位严格执行车辆相关单证的入库要求，凭分行货押中心提货、换货通知出库。

4. 为质押车辆办理库存期间的保险，保险第一受益人为银行，提供保单原件。投保险种应包括但不限于火灾险和盗窃险，保险期限为 1 年，保险金额不低于银行授信要求的质押物总额。

七、收益分析

融资执行基准利率，按额度金额的 0.6% 收取货押业务管理费，预计可带动对公存款 5000 万元，中间业务收入 50 万元，并可带动相关零售条线理财、个贷等产品营销，业务合作空间大，××中心在 2 年内将成为全国最大的××汽车销售商，通过本次授信业务合作可奠定银行主合作行的地位。

【案例 2】

## 山西××特钢集团有限公司货押业务方案

一、申请方案

申请人：山西××特钢集团有限公司

质物：铁精粉、钢坯

出质人：山西××特钢集团有限公司

业务模式：现货质押

授信品种：银行承兑汇票

供货方：自有

货权形式：非标准仓单

仓库位置：山西省××市××镇

监管人：太原××有限公司

监管模式：输出监管

监管合同及厂、商、银合作协议：标准合同

保证金比例：40%

质押率：70%

赎货期：3个月

二、货押业务方案流程描述（或流程图）

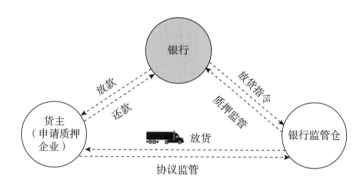

**图 12－2　货押业务方案流程**

要求授信企业在监管仓库保有一定的最低库存量，入库自由；实际库存量如果高于最低存量，多余部分可以自由出库；最低存量临界点以下的货物出库，必须补足相应的保证金。

监管库存：该库存与银行的授信额度相匹配，处于监管之下，未经××银行××支行解押禁止出库。在不低于监管库存的情况下企业可以出库。

警戒库存：该库存数量为监管库存的100%～110%，警戒库存线为监管库存的110%，当库存量接近警戒线时，××物流监管人员及时通知企业补货，并同时报告运作经理和××银行××支行相关人员。

自由库存：该库存高于库存警戒线，在××物流知情的情况下，企业可以自由出库。

1. 质物入库：山西××特钢集团有限公司向银行提供铁精粉、钢坯等库存材料清单，银行根据清单，核实质押物的数量、价格和质押的价值，并填写质押物清单。

2. 出质确认：太原××有限公司会同银行和山西××特钢有限公司的相关人员按照"质物交付清单"进行质物清点，待质物核实准确无误后，要求太原××相关人员对"查询及出质通知书"进行确认，履行对质物的监管职责并出具仓单。

3. 质方应出具被监管货物的合法证明，如购货发票、供销合同、运输清单等可以证明质物所有权属于出质方的材料。

4. 待质物核实准确无误后，出具"仓单"并对质物进行监管。

（1）实时对入库铁精粉和钢坯的数量进行监控。检查进货凭证，核实进仓单与质物（货物是否相符，以及重量、规格、进仓日期等）。

（2）经销商每次将铁精粉和钢坯入库，并按照入库清单对入库铁精粉和钢坯数量进行核实，在入库记录表上登记入库货物相关信息。

（3）监管区质物出库管理。

（4）山西××经销商定期提供铁精粉和钢坯销售计划，判断其销售计划是否会导致储区库存低于监管库存。如果高于监管库存，则同意铁精粉和钢坯出库，否则禁止其出库。

5. 提货和赎货的审核。

（1）经销商偿还全部或部分贷款，出具"提货通知书"，解除质押或部分解除质押。

（2）根据"提货通知书"，解除质押或释放部分监管库存对未解除质押的库存继续履行监管职责。

三、申请人情况

山西××特钢有限公司实收资本累计达到 10 亿元。主营业务为炼钢、钢工业加工、钢材销售，炼铁、对工业投资、进出口资格证书范围内的进出口业务。上年经营情况及主要财务数据包括实际产铁 139.9 万吨、钢 192.25 万吨、钢材 226.55 万吨。该公司已有总资产 41.9 亿元、销售收入 66.59 亿元、净资产 14.73 亿元。

应收、应付账款明细及应收账款周转情况：应收账款余额为 208 万元，应收账款周转天数为 3 天，公司注重销售回款情况，把应收账款控制在较低的水平。其他应收账款为 1.1 亿元，主要是银行保证金。

与银行合作情况：山西××特钢集团有限公司共在银行开立 3700 万美元的进口信用证业务、1406.41 万美元进口押汇和 836 万美元的全额人民币质押贷款业务，为银行创利 380 万元人民币（结算手续费收入、外汇价差收益和利息收入）。企业每笔业务均能积极配合并及时偿还银行的融资，无任何不良记录。

四、其他管理措施

1. 放款环节措施：严格按照批复条件落实，保证签署的各项合同规范有效，严格要求资金的使用用途。

2. 贷后检查措施：将坚持每月不定期到公司实地进行贷后检查，并认真分析公司报表，关注公司效益情况、成本变化情况。密切关注公司的资金流，保证银行信贷资产的安全，使信贷资产能够及时足额收回。加强与公司的沟通及联系，进行效益跟踪，大力拓展其中间业务，提高银行效益。

五、收益分析

山西××特钢有限公司申请综合授信1亿元，用于开立银行承兑汇票（保证金比率35%）比率不超过40%，预计年进出口结算量在2亿元左右。通过为客户安装银行的网上银行和网上开证系统，预计网银交易量为2亿元，累计银行的中间业务收入、贸易融资收入可达到50万元以上，派生存款及其他存款日均5000元。银行通过与之合作，风险较小，收益较高。

六、本项目的优点与缺点

优势一：保证金比例较高。客户向银行申请的授信品种是银行承兑汇票，保证金的交存比例是40%，比例较高，对银行到期付款保证性较高。

优势二：监管方监管经验丰富，信誉好。监管方是银行与××签订总对总监管协议名单上的企业，与多家银行有监管上的合作，积累了丰富的监管经验，并在企业设有监管小组，监管措施得当。

优势三：质押货物有价格优势。该公司提供的质押物铁精粉和钢坯随着近期生铁价格的上涨，正处在价格上升的通道上，对银行的融资保证性较好。

【口诀】

存货质量要分析，

大宗商品易变现，

动产质押融资稳，

选择监管要稳妥，

开立银承有存款，

静态赎货要记牢。

**【点评】**

　　银行在与企业的信贷合作过程中，要始终坚持"规划现行"的理念，在合作初期，提出切实可行的发展战略和投融资建议，在满足现有项目融资需求的同时，为后期产品营销留下空间。同时，在"规划现行"的合作理念下，通过对项目的充分论证，制定出最优的融资方案，控制了信贷风险，树立长久合作的思路。

　　营销最忌讳的就是没有任何的营销规划，没有自己的思路；最可怕的就是不知道客户的经营规划，处于信息不对称的劣势地位，客户容易出现逆向选择。

　　既然做了客户经理，就要一直拉存款，让自己喜欢上数字游戏，就如同穿上红舞鞋，只要在台上，就一直跳到最后。力争做客户经理中的皇帝。我们不会累死，不会苦死，只要坚持下去，总有绽放的一天。

　　今天我们的业绩不行，只能说明我们还不够努力。

# 第十三课 优质长期投资是股权质押融资的起点

企业长期股权投资必须与本身的现有主业有协同，只有这样才会彼此成就。不能看什么来钱快，就投资什么，企业远离主业，十有八九会爆雷。

**【科目概念】**

长期投资是指不满足短期投资条件的投资，即不准备在一年或长于一年的经营周期之内转变为现金的投资。

企业取得长期投资目的在于持有而不在于出售，这是与短期投资的一个重要区别。

长期投资是企业对自己发展所需要关联板块资源的长期投入，是为了保证企业的长远发展和保证企业长久利益。

长期投资对企业非常重要。例如，我们对子女教育投资就属于典型的长期投资，是为了保证家族的长远发展和保证儿女的未来可以平平安安。

**【指标分析】**

1. 分析企业长期投资是否为优质的依据是与主业的紧密度。如果企业主业非常强大，长期投资又紧紧围绕主业，增厚主业，那么这类长期投资属于优质投资，优质长期投资必须能带来稳定的经营现金流，紧紧围绕主业的长期投资值得银行信贷投入。需要高度关注借款企业所投资的领域与公司主业的相关程度，是前向一体化还是后向一体化发展，还是无关多元化经营。

**【点评】**

长期投资是否优质不以创造短期收益来评价，而是以是否符合主业的协同要求来定义。符合主业、能够支持主业的长期投资就是高价值长期投资。

2. 长期投资分为两种。直接投资，即企业作为投资者创办一个新企业，通过签订协议规定各方权利与义务，共享利润、共担风险，可以采用现金和实物资产、无形资产作价投入。间接投资，即长期证券投资，包括长期股权投资、长期债权投资。

3. 其他应收账款有时会转化为长期投资。例如，在房地产领域，大型开发商往往与联营公司联合拿地，拿地后成立项目公司共同开发。在项目公司成立之前，大型开发商支出的资金就是其他应收款。在项目公司成立以后，拿到股权证，就会转成长期投资。

**【风险提示】**

1. 跨界多元化长期投资价值极低。偏离主业的长期投资不是银行信贷的方向。例如，××房地产公司对某知名券商股权投资、××房地产公司对新能源汽车的股权投资、××娱乐公司对小镇的投资。这类长期投资价值极低，从主业大量抽血，反而影响了主业，得不偿失。偏离主业、挣快钱的长期投资，银行贷款严禁介入。投机成功了，企业挣大钱，银行挣得微薄的利息；亏钱了，银行的贷款基本会成为风险投资。

2. 债转股后被动形成的长期投资价值极低。很多企业对其他机构有债权，债权无法清偿，采取股权清偿，这类长期投资价值很低。

3. 长期不分红、不带来现金流的长期投资价值极低，不予考虑。所有的活动必须带来稳定现金流才有价值，长期投资更是如此。不能天天喊着看长远，喊战略投资，而长期不带来现金流。

**【客户示范】**

1. 例如，在房地产领域，房地产公司总部都有大量对外长期投资，都是在各地设立项目公司搞股权投资。银行给大型开发商总部融资，务必要求其将优质项目公司股权质押，锁定优质资产。

2. 大型地方国有平台公司、大型现金流较强的能源公司，在当地政府的安排下，往往参与当地城商行、当地法人券商股权投资，这类都属于长期投资，股权占比极高。

虽然股权投资偏离主业，但考虑到地方平台公司本身主业极强，大部分属于金融机构的控股股东，在甄别金融机构的质量后，剔除高风险的中小金融机构，可以提供股权质押贷款。

**【营销建议】**

（一）营销股权质押贷款

1. 银行见到长期投资后，应当分析该笔长期投资对应的标的物，如果是优质公司股权，而借款人本身资质也较好，银行可以提供股权质押融资。

针对长期投资，银行可以营销股权质押贷款。尤其是一些银行股权、证券公司股权、优质的房地产公司股权、电信公司的股权等，都可以质押。

2. 股权质押贷款要点包括以下两点。

（1）锁定优质股权。业绩突出、知名品牌公司的控股股东，如优质白酒公司控股股东、优质证券公司大股东、优质股份制银行大股东等持有大额股权。这类股权价值极高，在拍卖的时候往往有极高的溢价。通过拍卖控股股东持有的股权，拍卖方会直接取得优质公司控股权。

某房地产公司持有四川某知名白酒公司控股权，因此很容易拍卖出较高价格；某房地产公司持有的某证券公司50%以上股权，被多方竞拍。

（2）锁定控股权质押。银行办理优质上市公司股权质押时，可以考虑第一大股东股权质押，而不是较小比例股权质押。

当初四川知名白酒企业的第一大股东、××证券的第一大股东股权在拍卖的时候，都是高溢价成交。好货不愁卖。

3. 民营上市公司的控股股东资金多紧张，一般都有股权质押贷款的营销机会。

（二）营销并购贷款

并购贷款，即银行向并购方企业或并购方控股子公司发放的贷款，是用于支付并购股权对价款项本外币的贷款，是针对境内优势客户在改制、改组过程中，有偿兼并、收购国内其他企业法人、已建成项目及进行资产、债务重组中产生的融资需求而发放的贷款。

并购贷款是一种特殊形式的项目贷款。

（三）营销中长期流动资金贷款

企业以自有资金用于长期股权投资，一定会导致自身流动资金紧张，银行就有中期流动资金贷款业务的机会。

大型国有企业、地方政府投资公司经常使用自有资金并购地方城商银行股权、优质证券公司股权、优质保险公司股权等，导致自身流动资金紧张，银行可以提供中长期流动资金贷款。

部分地方国有资产投资公司也会有股权质押融资。

（四）营销固定资产贷款

例如，××进出口股份有限公司下属浙江××复合材料有限公司租赁浙江省××市××县××镇××大道××号的厂房作为企业场地进行生产经营活动，出租方为浙江××机械科技有限公司。

浙江××拟以评估值 2323.39 万元购买该厂房，其中自有资金 1323.39 万元，银行贷款 1000 万元。

浙江××机械科技有限公司厂房所有人与××银行股份有限公司××支行设立固定资产最高额抵押，抵押范围为××县××镇××大道××号的厂房土地，抵押金额为 1700 万元。浙江××已承诺：将在签署厂房转让协议后解除上述抵押，使厂房具备过户条件。

目前，现有厂房土地设有固定资产最高额抵押，该厂房所有人浙江××已承诺将在签署厂房转让协议后解除上述抵押，使厂房具备过户条件；双方将在交易合同中明确约定解除抵押时限，保证平稳过户，尽最大努力降低风险，切实维护公司利益。

无疑，银行在此笔交易中有提供固定资产贷款等机会。

【案例】

### 天津××集团股权质押融资

天津××集团是一家涉营物资流通、矿业、地产开发、基础设施、金融投资等行业的跨领域、多元化发展大型企业集团，集团控股京闽两地多家企业，控股单位的注册资本总额为 4.5 亿元。集团在发展战略上流通与实业并举，目前已投资几亿元进行市政管道燃气建设。

　　该公司与某股份制银行合作较好，该公司准备参股某城市燃气项目公司增资，购入该燃气公司5000万元股权。某股份制银行建议该公司购买燃气公司股权，拿到股权证后，立即在该股份制银行办理质押，银行为其提供一年期贷款。

【口诀】

<blockquote>
长期投资看标的，<br>
银行股权可质押，<br>
打折比例要降低，<br>
考虑变现是否易。
</blockquote>

【点评】

　　银行开展业务和营销客户最核心的工具就是授信产品，请各位客户经理牢牢记住。银行经营的就是风险，通过对风险的专业管理、量化测量，辅之以授信产品创新、科学定价，在经营风险的过程中实现盈利。经营风险的实质是"客户细分"，即对客户进行"风险—收益"二维空间的无限细分，担保覆盖风险，收益覆盖损失。必须能够对企业进行极为通透的分析，对企业风险进行精准测算。

　　存款是坚持的结果，在你山重水复疑无路的时候，请再坚持"最后一公里"。存款属于能够坚持到最后的人。

　　客户经理最重要的品质就是意志顽强，能够百折不挠。

# 第十四课　优质固定资产是长期贷款的最佳标的

> 银行承兑汇票和固定资产贷款可组合搭配。提供固定资产贷款可供给长期资金，提供银行承兑汇票可降低融资成本，使企业获双重优势。

## 【科目概念】

固定资产是指企业使用期限超过 1 年的房屋、建筑物、机器、机械、运输工具以及其他与生产、经营有关的设备、器具、工具等。

虽然不属于生产经营主要设备的物品，但是单位价值在 2000 元以上，并且使用年限超过 2 年的，也应当作为固定资产。

固定资产是企业的重要资源，也是企业赖以生产经营的主要资产。

固定资产在使用过程中因损耗而转移到产品中去的那部分价值的一种补偿方式叫作折旧。折旧的计算方法主要有平均年限法、工作量法、年限总和法等。

## 【指标分析】

1. 固定资产是提供大额长期贷款的优质标的，通过固定资产不断创造现金流，为贷款归还提供保证。同样，固定资产不断提取折旧，降低了企业纳税成本。交通基础设施要不不盈利，要不就是极为惊人地盈利。固定资产是企业的底盘，固定资产越优质，越具备抵御行业周期风险的能力。

2. 主要行业固定资产及对应固定资产贷款产品。

**表 14−1　主要行业固定资产及对应固定资产贷款产品**

| 项目 | 航空公司 | 船运公司 | 运输公司 |
|---|---|---|---|
| 主要固定资产 | 飞机 | 船舶 | 客车 |
| 提供融资工具 | 飞机抵押融资 | 船舶抵押贷款 | 汽车抵押贷款 |
| 登记机构 | 民用航空局登记 | 航道局登记 | 车辆管理所登记 |

## 【风险提示】

1. 固定资产折旧不是还款来源，固定资产折旧是会计概念，固定资产应用产生的收入才是还款来源。固定资产即便是不使用，每年也会计提折旧。

就像通过贷款买一台汽车，只要去开网约车就会有收入归还贷款。但是，无论是否做网约车生意，购买的车每年都必须计提折旧，每年都在贬值。

2. 无效的固定资产过多不但不产生收入和现金流，还会消耗收入、消耗现金流，造成威胁巨大。例如，产品没有销路的钢铁企业、房地产市场不景气时的开发商，其固定资产均严重吞噬现金流。即便每天不开工都会有一大笔成本支出，使企业经营举步维艰。

3. 企业固定资产金额过大就会导致盈亏平衡点极高。企业只有大量生产符合市场销售的产品，固定成本才会摊薄，企业才会逐步获得正向收益。一旦企业产品过时，没有市场需求，固定资产就会成为巨大成本负担，导致企业急速亏损。

固定资产金额过大，导致赚钱难、亏钱易。例如，地铁公司、航空公司需要通过大量积累客户才能一点一点盈利。

**【客户示范】**

1. 航空公司持有的飞机、航空器等都可以称为固定资产，可以对航空公司营销飞机购置贷款。

2. 地铁公司修建的铁路线、运行的铁路机车都可以称为固定资产，可以对地铁公司营销铁路设备固定资产贷款。

3. 公路公司建成的高速公路，已经获得政府备案确认，建立了产权归属，有收费权，这些都可以称为固定资产，可以对公路公司营销高速公路收费权质押贷款。

4. 中小企业以按揭方式购买的经营性物业，在取得产权证后，可以称为固定资产。

**【营销建议】**

针对已经形成的固定资产，银行营销的核心思路包括以下两个。

（一）帮企业盘活固定资产，盘活被固定资产占用消耗的大量宝贵的流动资金

1. 银行提供固定资产抵押贷款。借款人以价值较高的固定资产作为抵押，银行对借款人发放长期贷款，帮助借款人盘活固定资产。

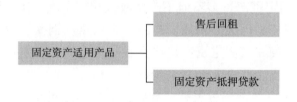

**图 14 - 1　固定资产适用产品分类**

2. 银行间接通过售后回租提供融资。针对一些有巨额固定资产的公司的营销思路可以帮助客户降低固定资产，有效实现轻资产。资本市场欢迎轻资产公司，如果公司固定资产量较小而利润较高，现金流较好，银行可以向企业营销回购型租赁保理业务。

银行营销的出发点是针对企业长期发展战略，采取正确融资方式，帮助企业改善报表。有时候，简单的低成本融资工具不见得是最正确的融资方式。依靠短期融资虽然成本低，但可能影响企业长期战略，这就得不偿失了。通过办理回购型租赁保理业务，企业将固定资产出售给租赁公司，租赁公司将应收租赁款转让给银行，从而实现对企业融资。回购型租赁保理属于一种资产型长期融资方式。

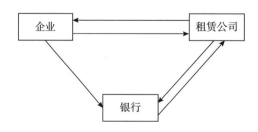

**图 14 - 2　回购型租赁保理业务**

（二）准备购买新增固定资产

固定资产不应当用自有资金购买，而应该加入外部杠杆，比如通过设备按揭分期、买方信贷等方式购买以节省经营现金流，用于主业。

1. 固定资产投资贷款。固定资产投资贷款是指为解决基本建设投资、更新改造措施资金和基本建设施工储备资金周转需要，以及固定资产投资其他方面的资金需要而发放的贷款，属于长期贷款。

例如，××航空股份有限公司拟向××银行股份有限公司××分行申请固定资产贷款用于飞机维修机库项目二期建设，建成后由公司全资子公司××飞机维修工程有限公司实际使用和管理。该笔贷款金额不超过 1.4 亿元，贷款期限不超过 10 年，公司提供相应财产抵押，××维修作为共同还款人，承担连带还款责任。

2. 设备按揭分期贷款。设备按揭分期贷款就是购买设备者以所购设备做抵押并由其销售设备企业提供阶段性担保的分期贷款业务。

例如，山东××棉业机械股份有限公司为采棉机按揭销售业务提供担保，公司与××银行签署《个人经营性贷款（采棉机）业务合作协议书》，约定××银行为公司提供最高余额为人民币 10000 万元的设备按揭贷款业务授信额度，额度使用期限为 1 年，在此额度和期限内，××银行向符合融资条件的购机者发放最长不超过 36 个月的设备按揭贷款专项用于支付购买公司采棉机，并由公司为上述设备按揭贷款提供担保。

新疆棉农很多，无疑这种个人经营性贷款既帮助棉农购置设备扩大生产，又有厂商担保，大幅降低信贷风险。而核心厂商扩大销售，也很满意。这是一个三方共赢的游戏。

**图 14 – 3　固定资产适用产品分类**

**【案例】**

## ××有限公司固定资产贷款

一、企业基本概况

××有限公司聚焦固废处理与再生能源领域，专注有机废物处置与资源化利用项目投资运营，打造再生油脂加工出口贸易平台。公司已在全国近20个主要城市实现项目网络化布局。

××废弃物处理有限公司注册资本为12000万元。经营范围包括餐厨垃圾处理、城市生活垃圾经营性服务、肥料生产、建设工程设计。××有限公司持有××废弃物处理有限公司100%的股权。

二、银行切入点分析

××废弃物处理有限公司向银行申请固定资产贷款，金额27700万元，期限20年。

1. ××有限公司提供全额、全程连带责任保证担保；

2. ××有限公司提供××项目土地及在建工程抵押担保，办理产权证后转资产抵押；

3. 以合法享有的应收账款（与新区城市管理委员会签订的《新区有机废弃物综合利用处置项目特许经营协议》项下全部权益和收益）提供质押担保。

三、银企合作概况

（一）固定资产贷款协议

贷款金额：27700万元。

贷款用途：新区有机废弃物综合利用处置项目（特许经营部分）。

贷款期限：从本合同约定的第一笔贷款的提款日起，至本合同约定的最后一笔贷款的还本日止，共计20年。

（二）保证合同

担保范围：根据主合同约定，借款人向贷款人借款27700万元。

贷款期限：20年。

保证方式：连带责任保证。

（三）质押合同

出质标的：1. 本合同项下出质标的为出质人依法享有的、出质人在其与新区城市管理委员会签署的《有机废弃物综合利用处置项目特许经营协议》项下全部权益和收益。2. 本合同项下质权的效力及出质标的的孳息。

【口诀】

固定资产细细看，
优质房产可抵押，
贷款融资低折扣，
企业用款要盯住。

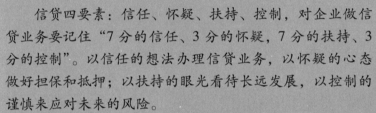

【点评】

信贷四要素：信任、怀疑、扶持、控制，对企业做信贷业务要记住"7分的信任、3分的怀疑，7分的扶持、3分的控制"。以信任的想法办理信贷业务，以怀疑的心态做好担保和抵押；以扶持的眼光看待长远发展，以控制的谨慎来应对未来的风险。

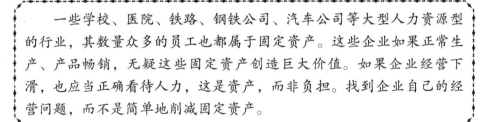

一些学校、医院、铁路、钢铁公司、汽车公司等大型人力资源型的行业，其数量众多的员工也都属于固定资产。这些企业如果正常生产、产品畅销，无疑这些固定资产创造巨大价值。如果企业经营下滑，也应当正确看待人力，这是资产，而非负担。找到企业自己的经营问题，而不是简单地削减固定资产。

# 第十五课　短期借款应切出某块资产进行融资

> 不应该泛泛地提供流动资金贷款，应当切割出企业某块资产，对资产进行融资，实现用资产封闭自偿贷款，融资场景越窄越安全。

## 【科目概念】

短期借款是指企业为维持正常生产经营所需的资金或为抵偿某项债务而向银行或其他金融机构等外单位借入的、还款期限在 1 年以下（含 1 年）的各种借款。

短期借款主要有经营周转借款、临时借款、结算借款、票据贴现借款、卖方信贷、预购定金借款和专项储备借款等。

## 【指标分析】

1. 对于实力强、信誉佳、外部融资渠道畅通的大型垄断公司，在贷款可长可短的时候，短期可以贷款多些，危险也还可控。短期贷款计入融资盘子，可适度降低成本，实现锦上添花。

2. 对于实力弱、信誉低、外部融资渠道较窄的中小型公司，要防范短期贷款流动性风险。在贷款可长可短的时候，宁可长期借款多些，也要保证资金绝对安全。劝说企业不要在乎多支出的利息，保证企业资金安全是第一位的。

## 【风险提示】

（一）短期贷款对应短期用途

短期贷款是用于解决企业短期资金紧张和临时需要的，因此必须关注贷款用途是否是短期，贷款是否仅能用于购买原材料、有还款来源的周转。

短期贷款对企业输血只是解决临时循环的问题，在状况好时可以抽出来，基本不会影响企业的经营。如果企业本身欠佳，经营难以为继，根本没有还款的可能。

（二）短借长用危害无穷

一些企业股东投入不足，将贷款当作经营性流动资金长期占用，这就好比原本临时安装的心脏起搏器，后来已经成为身体的一部分，如果摘除势必给身体带来极大的痛苦，甚至产生生命危险。所以一定要关注贷款实际用途，防止流动资金贷款替代企业资本性投入，而企业一旦亏损，现金流就会越来越弱，只能拆东墙补西墙，变成击鼓传花的游戏。

贷款更多的作用是扶上马、送一程，而不是与企业共赴沙场，同生共死。

表 15 - 1　短期借款与长期借款对比

| 短期借款 | 成本低，容易借，危险高 | 对短期资金流要求较高 |
|---|---|---|
| 长期借款 | 成本高，借款难，危险低 | 对长期资金流要求较低 |

（三）用时借，回时还

通常情况下，短期借款只能用于购买原材料，或用于临时的头寸周转。比如，企业销售产品后已经回款，距离下次采购还有一段时间，就应先还款。企业下次需要备料生产，到时再次向银行申请融资。

用时借，周转回来就还，下次用再借，好还必好借，培育企业的诚信意识。企业最有价值的核心资产不是房产、不是现金，而是金融机构的信任。

【客户示范】

（一）补充短期流动资金型客户

大部分的企业都需要流动资金，股东投入不够、流动资金天生不足是共性问题，因为贷款是所有企业都需要的关键资源，所以补充型流动资金贷款需求旺盛。

在施工行业、设备安装行业、日用品流通行业均是如此，为获得订单，必须垫资施工或供货，这实际是向下游客户提供信用，造成自身资金紧张。

中国相当一批客户除自己的主业，都在有意识无意识地卷入经营金融信贷生意，应收账款、预付账款就是信贷生意。要对对手方核定信用额度，控制履约风险。对小企业不提供账期，小企业就没生意做；对大企业提供的预付账款空转套利都是在做信贷资金生意。

（二）置换他行贷款型客户

企业流动资金贷款到期时往往需要通过从另外一家银行取得流动资金贷款去置换。归还他行贷款是一项非常重要的流动资金贷款用途。虽然很多银行已经开发出可续期贷款，但考虑续期贷款利率会上升，成本增加，置换贷款需求仍极为旺盛。

理解起来很简单，在一家银行贷款 1 年期后，再续贷 1 年，就是两年期贷款，第二年执行两年期贷款利率；而选择 A 银行和 B 银行倒贷，就是两个 1 年期贷款，相比之下，成本肯定低很多。

（三）常规贷款需求客户

除一些资金流极为旺盛的大型烟草公司、三甲医院、大型白酒公司、电信设备公司，大部分的企业都需要短期流动资金贷款，短期流动资金贷款属于基本刚需。

【营销建议】

要能够根据不同企业的特点、融资能力、股东支持等，合理引导企业使用授信工具，设计金融服务方案。

（一）对于垄断企业，可以将短期贷款票据化、债券化

如果垄断企业报表中有过多的短期借款，财务费用支出较大，可以将短期贷款转化为银行承兑汇票或商业承兑汇票、债券。在银行贷款规模非常紧张的时候，可以劝说企业适度减少贷款，转而签发银行承兑汇票。如果借款人非常强势，不能提供较高比例保证金，则可以劝说企业使用商业承兑汇票。

短期借款 = 银行承兑汇票 + 买方付息票据

短期借款 = 商业承兑汇票 + 买方付息票据

短期借款 = 国内信用证 + 买方付息

（二）对于极为优质企业，可以将长期贷款短期化、债券化

长期借款转移方向一般都是短期化，因为短期借款成本远远低于长期贷款，因此，很多特殊垄断企业发起长期固定资产项目，都可以建议其部分使用短期资金。例如，中国五大发电企业、三大石油公司发起电厂项目、石化项目一般都有 5 年期以上的长期贷款，对这些企业发起的项目采取部分短期融资，甚至采取票据融资的方式是合理的。

对一些发债环境极为宽松、外部融资条件极好的优质垄断企业，可以采取长期项目部分短期贷款的方式。通过短期贷款帮助企业降低融资成本，通过后续发债等投行业务将短期贷款融资进行接续，帮助企业保证资金链安全。

**图 15 - 1　长期融资转为短期融资**

（三）对于资金紧张的民营企业，务必使其短贷合理化

一些短借长用的民营企业，就应当进行贷款的重整，将企业的短期借款调整为长期借款，拉长客户的债务链条，确保企业资金链的安全。

短借长用，短期流动信贷资金用于长期固定资产建设，可能会导致资金链断裂。

**图 15 - 2　短期融资转为长期融资**

（四）从无资产对应型融资转向资产对应型融资

采取应收账款保理、应收商业承兑汇票贴现、资产抵押进行融资，将银行的贷款对应由某项具体的资产，为银行贷款建立一个单间保护。

**图 15 - 3　短期融资转为长期融资**

例如，在价值 300 万元的房地产抵押方式下，为某药品经销商核定 200 万元的授信额度，出账方式可以有两种：

第一种是流动资金贷款直接投放，不再附加其他条件；

第二种是应收账款质押融资，如果核心三甲医院不配合，那就采取暗押方式融资。

无疑，第二种应收账款质押融资出账方式锁定了药品经销商最有价值的资产——三甲医院应收账款。锁定远期现金流，远远好过第一种单纯的流动资金贷款出账。

在核定授信额度后，银行应当尽量避免提供流动资金贷款，考虑通过锁定某项封闭自偿的资产，如定向使用银行承兑汇票、国内信用证、商业承兑汇票贴现、应收账款保理、固定资产融资等完成出账。用途越确定、越具体，银行风险越小。

**【案例】**

## ××农业（上海）有限公司

一、企业基本概况

××农业（上海）有限公司主业项目为食用农产品零售、食用农产品批发、初级农产品收购。总资产为 70623 万元，净资产为 6885 万元，总负债为 63738 万元，实现营业收入 24563 万元，净利润为 1067 万元。

二、银行切入点分析

银行为××农业（上海）有限公司提供 2000 万元"银行承兑汇票 + 流动资金贷款"组合融资。银行与担保人签订《保证合同》。

1. 采购支出使用银行承兑汇票。

2. 支付电费、员工工资使用流动资金贷款。

三、银企合作情况

××农业（上海）有限公司于银行承兑汇票及流动资金贷款融资到期时按时履行还款义务，同时鉴于自身经营发展需要，在公司年度股东大会审议通过及《银行承兑汇票合同》约定的循环授信额度范围内，再次申请"银行承兑汇票 + 流动资金贷款"组合融资。

【口诀】

> 短期贷款慎重放，
> 资金匹配最重要，
> 还款能力看经营，
> 优质企业贷转票，
> 降低成本最重要。

【点评】

　　信贷业务绝不可单兵突进，要与其他业务形成捆绑，才可以进退自如，相互支援，彼此补救。信贷业务、结算业务、托管业务、代发薪酬业务中，只要有信贷产品进入，其他产品必须及时跟进，扩大战果。一旦发现新风险信号，应当且战且退，结算业务、代发薪酬业务、托管业务打后援，掩护信贷业务率先撤退。

　　好的授信方案绝不是单一信贷资源供给，供给方应当考虑组合，以信贷资源为抓手，组合结算、托管、代发薪酬等。

　　既然来到这个世界，就要有自己的梦想，就要打拼出一片天下，成就一番事业。一个人不会苦死，不会累死，只会窝囊死。既然做了客户经理，就一定要做最好，立志做最优秀的商业银行客户经理。

# 第十六课　根据应付票据判断汇票的营销机会

> 企业签发的应付票据必然要从银行承兑汇票转向商业承兑汇票，企业在弱小的时候要签发银行承兑汇票，当企业成长为行业巨头时一定会签发商业承兑汇票。银行在这此过程中应当因势利导。

**【科目概念】**

应付票据是指企业在商品购销活动中和对工程价款进行结算，由出票人出票，委托付款人在指定日期无条件支付确定金额给收款人或者票据的持票人的商业汇票。

应付票据按承兑人不同分为银行承兑汇票、财务公司承兑汇票和商业承兑汇票。如果承兑人是银行，则应付票据为银行承兑汇票；如果承兑人为财务公司，则应付票据为财务公司承兑汇票；如果承兑人为企业，则应付票据为商业承兑汇票。

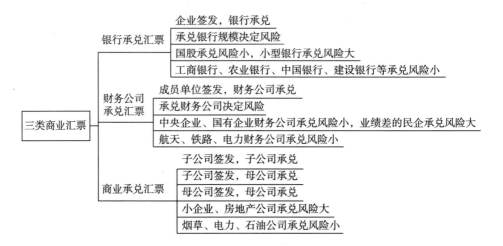

**图 16 - 1　三类商业汇票**

企业保持合理的应付票据签发数量，可以减少对贷款的依赖，可以有效降低企业的财务费用压力。

【指标分析】

1. 应付票据签发量应当与企业的经营活动现金流量匹配。应付票据本身是企业现金流缺口的临时替代，未来需要以经营活动现金流匹配兑付，因此要充分考虑经营现金流的周转能力，一要金额对应，二要期限匹配。

2. 应付票据与短期流动资金贷款、信用证应当形成一定合理比例结构，资金来源不应过多地集中在应付票据。应付票据的弊端在于期限过短，会造成企业短期流动性压力。信用证与中期流动资金贷款的加入，可以适度缓解集中兑付的风险。

【风险提示】

1. 要防范企业签发银行承兑汇票、财务公司承兑汇票、商业承兑汇票集中到期兑付产生的流动性风险。大部分国内银行更倾向于给企业提供 6 个月短期贷款、其他短期信贷工具，导致企业的应付账款、应付票据、6 个月流动资金贷款集中到期，产生流动性风险。

2. 要防范部分企业自身融资困难，通过签发融资性银行承兑汇票、商业承兑汇票的方式变相融资，这类融资性票据风险巨大。

【客户示范】

（一）制造类企业多签发各类票据和收银行承兑汇票

票据签发量比较大的企业都是一些实体制造企业，如水泥企业、钢铁企业、汽车制造企业、家电企业、煤炭企业、能源企业等。

例如，水泥行业中的头部企业海螺水泥、南方水泥等，钢铁行业的宝武钢铁、首钢集团、鞍山钢铁等，汽车制造业中的一汽汽车、上海汽车等，家电企业的格力电器、美的电器等，煤炭行业的陕西煤业、中煤能源等。这类大企业一般都签发商业承兑汇票，如果签发银行承兑汇票，则保证金比例极低。即便如此，银行都应积极为这些企业办理银行承兑汇票，吸引客户结算流水。

以上大企业一般在销售活动中会收到银行承兑汇票，所以是应收票据大户。

对于大客户，不要在乎一城一地的得失，要看万里江山。要保持存在感，要想方设法地打进客户中去，图未来长远。

（二）流通类客户多签发银行承兑汇票

汽车经销商、石油经销商、煤炭经销商、粮食经销商、家电经销商、水泥经销商都大量签发银行承兑汇票，一般要求交比较高比例的保证金。

企业通过交一定比例保证金，获得银行承兑汇票，会起到放大杠杆的作用。银行承兑汇票有利于银行吸收保证金存款，在未来解付银行承兑汇票的时候，又会给银行带来结算资金。

**【营销建议】**

（一）对制造企业发起营销

如果在企业报表中发现有应付票据，首先要识别是应付银行承兑汇票、财务公司承兑汇票，还是商业承兑汇票。

1. 对一些成立有财务公司的大型集团公司，银行可通过与财务公司合作，由财务公司为成员单位办理财务公司承兑汇票，银行为这些财务公司签发的汇票办理保贴。

2. 如果特大型企业原本签发银行承兑汇票，可以积极向企业营销签发商业承兑汇票，以进一步降低企业融资成本，降低保证金占用。银行可通过提供商业承兑汇票保贴业务，促进商业承兑汇票流通。

某知名施工类中央企业实力非常强，其原本在他行签发银行承兑汇票，银行引导这个企业签发商业承兑汇票，让企业在本行开结算账户，开通商业承兑汇票。由于需要匹配资金解付，客户在银行存款量极大且为活期，银行向供应商营销办理商业承兑汇票贴现，批量开发供应商，综合收益巨大。

如果这些强势客户签发商业承兑汇票，银行可以以这些强势公司上游客户为目标，提供商业承兑汇票保押业务，帮助这些客户供应商将商业承兑汇票置换为银行承兑汇票。

3. 企业的各种付款工具可以由银行组合金融工具替代。

表 16 - 1　银行组合金融工具

| 现金付款 | 银行承兑汇票 + 买方付息票据 |
|---|---|
| 商业承兑汇票付款 | 商业承兑汇票 + 保贴付款 |
| 商业承兑汇票付款 | 商业承兑汇票保押 |

银行承兑汇票组合买方付息类同现金付款，可以大幅降低融资成本；通过采取商业承兑汇票支付的方式，银行可以提供额外保贴服务，可以促进商业承兑汇票的流通，培育企业信用；如果企业使用商业承兑汇票，银行通过提供额外商业承兑汇票换开银行承兑汇票，可以进一步降低商业承兑汇票变现成本。

客户经理动脑筋办银行信贷业务，既能促进企业的经营，又能为银行带来更多收益，只有双赢合作才能持久长远。

（二）对经销商发起营销

客户有大量的应付银行承兑汇票，这说明在其他银行有银行承兑汇票额度。如果客户是资金周转速度较快的流通型企业，可以尝试营销首笔保证金少但是填满敞口时间的银行承兑汇票业务。我们曾经为某知名家电经销商办理 6 个月银行承兑汇票，首笔保证金比例极低，甚至为零保证金，要求企业 3 个月就填满保证金。模拟计算实现保证金比例达到 50%，存款大幅增加。

（三）提供票据咨询服务

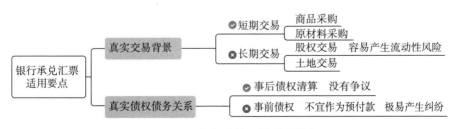

图 16 - 2　银行承兑汇票适用要点

银行应当提供咨询服务，帮助企业正确使用银行承兑汇票、商业承兑汇票。咨询服务的价值远远高于单一办理业务。银行承兑汇票、商业承兑汇票要求对应短期交易而非长期交易，对应事后债权清算，不适合作为预付款。

很多司法判例中有这样的情况：企业使用商业承兑汇票作为预付款支付，后来因为与供应商存在商业纠纷而拒付商业承兑汇票，企业被司法判决承担兑付责任，结果企业损失巨大。

例如，某公司公告，公司与交易对手方签订购销合同及相关补充合同，约定开出由公司承兑的电子商业承兑汇票作为预付采购款，对方预付50%资金作为履约保证金，同时约定在合同履约完毕前，交易对手方不得背书转让上述商业承兑汇票。但在相关合同尚未履约完毕的情况下，交易对手方背书转让了部分商业承兑汇票，且部分商业承兑汇票存在多次背书转让的记录。鉴于公司无法联系到上述商业承兑汇票的最终持票人，无法判断最终持票人的持有目的及是否有权依法享有票据权利，故根据《中华人民共和国票据法》第十二条、第十三条的规定，公司在票据到期日未兑付有关商业承兑汇票。截至该公告披露日，尽管公司采取多种措施积极联系，但仍未能与最终持票人取得联系。

客户对银行服务要求已经超过简单的银行存款、贷款，还必须能提供高附加值的咨询服务，包括如何正确使用各类银行票据产品、供应链融资产品等，以帮助客户提升经营效率。

## 【案例1】

### 安徽××粮油股份有限公司小行银行承兑汇票变大行银行承兑汇票

一、企业基本概况

安徽××粮油股份有限公司注册资金为2500万元。该公司是从事油料收购加工、粮食烘干储备及贸易的民营企业，坐落于××县××镇工业园，占地面积10万平方米，资产13500余万元，农产品产值30000万元以上。

（一）公司上游客户

资金用途为收购油菜籽。从本地农户收购菜籽必须使用现金；从大型粮贸公司收购菜籽可以支付银行承兑汇票。

（二）下游主要客户

下游客户为某粮油集团，需要支付大量的银行承兑汇票。

二、银行切入点分析

安徽××粮油股份有限公司是当地一家较大粮食加工企业，销售回款是银行承兑汇票，而公司采购的资金部分需要银行承兑汇票，部分需要现款，针对这一特点，银行与企业协商选定"票据拆分"。

三、银行合作情况

某银行提供的服务包括以下三点。

1. 安徽××粮油股份有限公司提供1200万元银行承兑汇票，期限6个月，交付给该银行。

2. 银行与安徽××粮油股份有限公司签订《质押协议》。银行为客户办理期限6个月、金额1000万元的银行承兑汇票，并提供950万元的贷款。

3. 当2000万元质押银行承兑汇票到期，银行办理托收，将托收回来1000万元资金存入保证金账户，用于兑付面额为1000万元的银行承兑汇票。另外，1000万元资金用于归还到期贷款。

【案例2】

## 南京某电子科技有限公司票据宝业务案例

一、企业基本情况

南京某电子科技有限公司因贸易结算，手中持有大额银行承兑汇票，期限在3个月以内，该公司上游为电子原件供应企业，可接受3个月至6个月的银行承兑汇票，但金额较小。据了解，该客户全年预计有近1亿元银行承兑汇票可以办理票据宝业务。

二、银行切入分析

该企业手持大额银行承兑汇票，但支付下游金额较小，如果到银行办理贴现，客户承担的财务费用会增加，银行通过向其营销票据宝业务，可以避免客户承担较高的财务费用，延长付款期限，同时取得定期存款利息。

三、银企合作情况

客户将手中持有的三张金额共计290万元的短银行承兑汇票质押银

行，银行累计为其签发17张小额长银行承兑汇票，累计金额290万元，期限错开。

银行收益分析：银行可获得4个月期保证金存款240万元、1个月期保证金存款50万元及1450元的手续费收益，在满足客户结算需要的同时还为客户节省了财务费用。通过开展该项业务，还可引进该公司其他结算存款。

**【案例3】**

## 广州市某汽车贸易有限公司"汇票套餐"业务

一、企业基本情况

广州市某汽车贸易有限公司向厂家采购汽车，厂家接受银行承兑汇票。该贸易有限公司为完成上半年厂家下达的提车任务，须6月底交款200多万元，但该客户在银行的银行承兑汇票敞口授信额度已用完。

二、银行切入分析

汽车厂家接受银行承兑汇票，但暂不接受国内信用证，如果客户通过现金汇款，将没有任何收益。根据该情况，银行为客户推荐银行新开展的票据业务——"汇票套餐"业务（客户在银行承兑汇票到期前，提前交足保证金以填满银行承兑汇票敞口，银行为客户循环签发银行承兑汇票的一种票据业务操作形式），这样既可以满足客户结算的需要，同时可以让客户获得一部分存款利息收益，客户接受此方案。

三、银企合作情况

银行为汽车贸易有限公司核定可循环使用银行承兑汇票额度500万元，保证金比例为50%，提前填满敞口可以循环使用。该公司存入91万元保证金循环签发银行承兑汇票，同时个人存入40万元期限为6个月的定期存款，在银行办理质押，银行为其开出一张182万元和一张40万元期限为6个月的银行承兑汇票。银行既满足了公司的结算要求，又使客户获得了一部分存款利息收益。

银行收益分析：通过银行承兑汇票"汇票套餐"业务银行获得了182万元的保证金存款和40万元的6个月定期存款收益，同时获得了1110元的手续费收益。

**【口诀】**

企业开票看应付，
银票占用保证金，
商票签发免费开，
中小企业用银票，
大型企业用商票。

**【点评】**

　　银行如同一个优秀的厨师，能给客户设计出最有营养的套餐。醋是用来调味，但用太多会酸；姜是提鲜的，但用太多会辣；油是增香的，但用太多会腻。票据优势是融资成本低，但缺陷是期限短容易造成流动性风险。因此，需要使用贷款弥补。贷款优势是使用方便、期限长，但缺陷是成本太高。如果可以将贷款和票据有效组合，就可以以短补长，相得益彰。

　　真正能够控制风险的关键不是担保和抵押，而是对客户经营情况的深入了解。对于客户是做什么的，客户的盈利模式，客户拿信贷资金做什么生意，这单生意能否赚钱，都要用商人的思维来评价。如果换成你，你是否愿意做这笔生意？

# 第十七课　应付账款是反向保理的基础

优质应付账款是银行供应链融资的黄金载体，核心企业配合银行推广供应链融资，核心企业、供应商和银行三方各获其利。好的银行产品一定是多方共赢。

## 【科目概念】

应付账款是指因购买材料、商品或接受劳务供应等应付而未付发生的债务。这是买卖双方在购销活动中由于取得物资与支付货款在时间上的不一致而产生的负债。

## 【指标分析】

应付账款越多，说明占用对手资金就越多，这些占用款是无息的，表明公司的市场地位很强势。核心企业可以占用对手资金，但是必须让渡自身信用，以帮助供应商解决资金缺口问题。谁占用的，就需要谁帮助解决问题。

即便企业再强势，应付账款金额和账期也应当控制在合理范围内，企业诚信和商誉的价值是无形的，不应过度压榨供应商，皮之不存，毛将焉附，双方是共同体，只有按约付款才是共赢的根本。

## 【风险提示】

1. 哪些是优质应付账款？

核心企业实力极强，在银行的融资条件宽松。由于核心企业本身是上市公司，希望通过确认应付账款的方式将融资转嫁给供应商，以降低表内负债，减少财务费用，优化自身报表，获得更好的资本市场表现。

2. 哪些是低质应付账款？

（1）核心企业为实力极弱的中小钢铁生产企业、中小汽车生产企业、没有品牌的水泥生产企业等。这些企业本身融资困难，利用银行发展供应链融资，配合银行做应付账款确认，以解决拖欠的上游更小供应商的资金，保证供应链运行。这类企业本身贷款都困难，更加无力兑付应付账款。

（2）核心企业为实力极弱的中小医院、中小民营房地产公司等。这类企业对更弱供应商的应付账款价值较低，企业本身就融资困难，还拖欠对供应商的货款，就成了资金无底洞。

例如，经营效益较差的中小医院，拖欠实力更弱的药品经销商货款，这类应付账款基本没有盘活的价值。

**【客户示范】**

1. 大型优质施工企业有巨额的应付账款，例如，××集团通过对上游客户确认应付账款，对上游客户操作保理融资。

2. 公立三甲医院有大量的应付账款，例如，三甲医院确认应付账款，由上游药品贸易商、药品器械经销商操作保理融资。

3. 大型国有石油化工企业有巨额的应付账款，确认应付账款，由银行对供应商操作保理融资。

4. 大型中央企业类开发商对施工企业有巨额的应付账款，适合以开发商的应付账款为风控兜底，对施工企业操作长单保理。

**【营销建议】**

1. 某大型知名企业有大量应付账款，意味着可以对这个大型企业营销"1＋N"保理业务，由这个大型企业向银行提供供应商名单，银行对供应商提供保理融资。

2. 如何营销大型企业向银行推荐的供应商？可以先让特大型企业得到以下利益。

（1）特大型企业可以拖延账期，将融资转嫁给供应商融资。

由于可以给中小企业提供融资，通过解决这些中小企业的资金问题，可以缓解他们的资金压力，因此核心企业希望占用的时间越长越好，金额越大越好，供应商则反之。银行应当解开这个扣，来满足双方的诉求，达成商业合作。

①原来的模式。

原来账期为 3 个月，属于核心企业与供应商的结算规律。在这种模式下，供应商与核心企业存在拖欠关系。供应商到期不断催收，没有金

**图 17 - 1　核心企业与供应商原来的融资模式**

融资源介入，运行效率较低。供应商只能被动地等待应收账款到期，而自身在经营资金上的占用非常大，无法进行扩大再生产，无疑是利益损失者。

②改造后的模式。

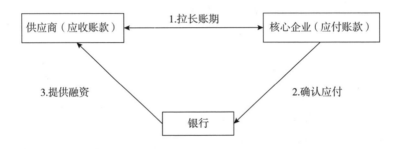

**图 17 - 2　核心企业与供应商改造后的融资模式**

银行应当做企业财务顾问，企业现在账期为 5 个月，属于核心企业与供应商结算模式。如果有核心企业提供应付账款确认，银行有风控抓手，对供应商可以提供融资，供应商也会接受账期被拉长成本。

例如，一个钢铁生产企业有大量应付账款，就意味着其对上游铁矿石供应商、焦炭企业有大量拖欠货款，银行就可以积极营销，要求钢铁生产企业给银行介绍铁矿石供应商和焦炭企业，由银行提供保理融资。

因为供应商可以提前获得现金，所以会接受账期被拉长成本及融资费用。供应商获得的资金被投入再生产，再次进行生产获得的利润能覆盖所承担融资成本，供应商也是利益的获得者。

银行最大的责任就是给社会带来福祉，促进社会资源流动速度的加快，为所有的参与者创造更多的价值。

（2）特大型企业可以优化报表，获得发债等便利。这对于一些需要美化报表的公司来说非常重要。例如，一些施工类的企业有大量分包商和材料供应商，到年末时必须要给分包商和材料供应商支付工程款；而施工企业是上市公司，需要优化报表，年末必须保留大量现金。这时候就可以引入应付账款融资，核心企业介绍供应商给银行，由银行给这些分包商、供应商提供融资。

（3）特大型企业可以获得一定融资安排费。供应商都属于小企业，从银行获得融资比较困难，如果特大型企业提供应收账款名单，并提供指定账户付款承诺，配合办理应收账款转让，这些中小供应商就非常容易获得融资。因此，特大型企业可以向这些小企业收取一定的融资安排费。

**【授信方案】**

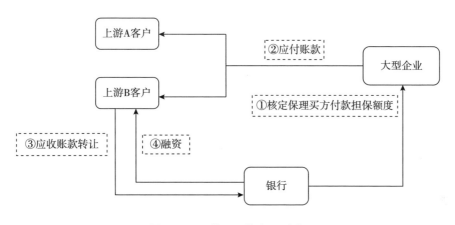

图 17 - 3　"1 + N" 保理流程

**【案例 1】**

**武汉××机械制造有限责任公司国内有追索权保理业务操作方案**

业务类型：国内有追索权保理。

协议文本：银行标准《国内有追索权保理业务协议》《国内有追索权保理业务协议（适用于表外融资)》《委托收款及账户质押协议》。

批复到期日：卖方授信额度到期日。

销售商品：电器零部件。

买方：××电器（武汉）有限公司。

融资比例：合格应收账款的80%（不含质保金、违约金等)。

付款期限及条件：最长不超过增值税发票日后 120 天（以实际基础交易合同为准）。

应收账款通知时间：融资前通知。

应收账款债权转让通知方式：由银行邮寄"应收账款债权转让通知书"和商业发票。

融资方式：表内融资或开立银行承兑汇票。

银行承兑汇票保证金比例：零。

买方付款方式：电汇监管账户、银行承兑汇票。

其他要求如下。

1. 银行应在融资前对卖方提交的相关单据进行认真审核，务必确保贸易背景及相关单据的真实性。

2. 卖方办理应收账款转让时，应提交商业发票及相应快邮收据，快邮收据必须加盖邮局业务印章、卖方签章和邮寄日期，并在邮寄内容一栏注明"武汉××机械制造有限责任公司（卖方）与××电器（武汉）有限公司（买方）××合同项下第×××号"商业发票；首次办理时，还应提交"应收账款债权转让通知书"及相应快邮收据。

3. 银行应要求卖方根据基础交易合同确定付款期限，并将付款期限和到期日明确显示在银行标准格式的"商业发票"上。

4. 银行应严格执行信审机构的有关决议并落实相关授信条件，在额度内为卖方办理保理业务。

5. 银行应要求卖方将其针对买方的应收账款整体转让给银行，并确保转让给银行的应收账款为合格应收账款，严禁逾期及不合格的应收账款叙作保理业务并提供融资。

6. 鉴于该笔业务中存在多种保理融资方式（包括表外融资），银行应对卖方融资额度进行台账登记，定期与系统进行对账，严格控制融资额度。

7. 鉴于该笔业务中存在多种保理融资方式（包括表外融资），银行应努力提高资金项下保理业务综合收益。

8. 卖方申请保理融资时，除提交保理制度要求的单据外，还应提交以下单据的原件或复印件：

（1）买、卖双方签署有效期内的基础交易合同；

（2）增值税发票；

（3）买方相关人员签字确认的送货单。

9. 为防范重复融资的风险，须监督卖方客户在增值税发票原件上加注"此发票项下应收账款已转让给银行武汉分行"。若提交单据为复印件，须与原件进行核对，确定真实性后由客户经理在复印件上签署"与原件核对相符"字样。

10. 银行在申请授信额度时，可申请国内保理业务额度，并须在申请中具体注明"可串用为银行承兑汇票额度，且该额度限定专项用于保理表外融资业务"。

11. 银行应在审核上述单据无误的基础上，根据合格应收账款的金额，确定开立银承的金额和期限，明确注明开立银行承兑汇票的风险敞口不超过合格应收账款金额的80%，并通知分行放款中心。

12. 银行为卖方开立银行承兑汇票或国内证时，到期日应至少晚于应收账款到期日30天，用于卖方向其上游供应商进行原材料采购。

13. 银行应按照开立银行承兑汇票的操作流程及相关规定办理开立手续。在应收账款到期日收到买方付款后，需立即将款项转入相应的保证金账户，在到期日连同保证金一并对外兑付。

14. 银行应密切监控买方付款情况，如买方采用电汇方式支付货款，但未将货款付至监管账户的，应立即暂停对卖方融资。

15. 银行应根据实际情况，定期和不定期地对企业发货、验收、付款等过程进行检查，确保物流和资金流相匹配，经营单位客户经理应定期与买、卖双方对账，防止间接回款的发生。

备注：

1. 本保理业务方案中，以零保证金开立银行承兑汇票。

2. 鉴于买方采用银行承兑汇票方式回款，须落实具体措施，防范间接还款风险，建议以卖方作为第一还款来源。

**【案例2】**

## 广州××电子有限公司上游供应商发票融资业务案例

一、企业基本概况

广州××电子有限公司注册资本为2亿美元，主要产品有各类设备用电源供应器、电源转换器、高效能电子安定器，投影电视、数位前投式投影机、磁性元件、车用电子零组件、风扇、马达和大容量光盘、磁盘存储器等。

二、银行切入点分析

通过对广州××电子有限公司付款名录的分析，并对本地供应商进行上门调查，发现大部分供应商与广州××电子有限公司的货款结算期长达4个月，对广州××电子有限公司的应收账款几乎侵占了其所有的营运资金，并且多数供应商的生产厂房是租赁的，向银行申请融资困难。得知这一市场需求后，银行积极开始行动，设计对应融资产品。

广州××电子有限公司对银行的综合贡献较大，在银行资质较好，并已被认定为银行的核心企业。针对其供应商多为境内企业、对广州××电子有限公司应收账款账期长达4个月、无自有土地厂房、资金周转困难、有较大融资需求的基本情况，银行首先便想到了基于核心企业供应链下的国内贸易融资业务。因为主要涉及应收账款业务，所以银行初步确定国内保理。在实际操作中，银行在办理该项业务时是以不给广州××电子有限公司财务增加任何工作量为前提的。由于保理业务管理要求涉及应收账款转让，需向广州××电子有限公司书面确认与通知，因此操作较为困难。银行在对广州××电子有限公司长期维护中得知，其有一套非常完善的原料采购系统，每一个供应商都必须成为这一系统的会员，才可以与广州××电子有限公司进行交易，系统中详细准确地记录着每一个供应商的订单情况、应收账款情况等，每个供应商可通过自己的口令进行报价接单、发票录入、应收账款查询等操作。银行可利用该系统有效核实发票所对应的应收账款的真实性，并可准确确定应收账款的金额和到期日，对供应商的货款回笼进行有效监管。另外，广州××电子有限公司也同意在收到其供应商递交的与银行有融资业务的证明文件以及修改收款账号的申请后会积极协助调整供应商收款账号，大大降低该业务的风险。

三、银企合作情况

业务方案

1. 对象：广州××电子有限公司境内供应商。

2. 特点：融资门槛低，融资成本低，融资速度快。

3. 企业申请融资流程：（1）在银行开户；（2）企业认定，建立信贷关系；（3）评级；（4）按具体应收账款余额确定授信额度并完成授信；（5）提交借款申请及应收账款对应的发票；（6）提供广州××电子有限公司采购系统口令，核实发票对应的应收账款；（7）签订国内发票融资业务合同（两方协议）、质押合同、应收账款监管协议、借据等；（8）质押登记、签批并放款；（9）向广州××电子有限公司提交更改收款账号申请；（10）监管货款回笼，待融资对应应收款项到账，立即归还贷款。

自该业务推广以来，扩大了银行信贷业务范围，提高了银行中小企业市场竞争优势，降低了中小企业借款门槛，推动银行资产业务结构的合理化转型，有效地降低了银行资产业务风险。银行已与7家中小企业达成了合作意向，已有6家公司在银行开户，4家公司完成了在银行的评级授信，3家公司每月与银行发生融资业务，两家公司在银行申请开立了100%保证金关税保函。通过对这几家公司的融资支持，银行获得了这几家公司对广州××电子有限公司的稳定的货款回笼。目前这几家公司在银行存款余额一直保持在1000万元左右，同时带动了银行其他业务产品的发展，如企业网上银行、代发工资、法人理财等，增加了银行的中间业务收入。

该产品对于企业来讲，进入的门槛较低，融资成本相对也较低，办理手续较为简单方便；对于银行来讲，拓宽了客户资源，优化了融资结构，降低了融资风险，同时为银行带来了较为可观的中间业务收入和利息收入。

该业务的推广有效地丰富了银行的国内融资方式和手段，有效调整了融资结构，提升了与同行业之间的竞争能力，降低了融资风险，扩展了业务市场与范围，带动了一大批企业成为银行业务的忠实客户。

【口诀】

> 应付账款是个宝，
> 核心企业做授信，
> 用心企业供应商，
> 反向保理收益高。

【点评】

　　客户经理要销售金融服务方案，而不是单一产品。客户经理要像老中医一样给客户开药方——授信方案。各种产品就是药材，要根据每个客户的不同情况，精心选材。老中医开的每一副药，药里面有几十种成分，各种成分之间有一种平衡，如果只注重某一种成分，加大用量，很有可能适得其反。流动资金贷款就如同人参，不是越多越好，国内信用证和保理就如同蝎子蜈蚣，不是越少越好，因为每个客户不同。商业承兑汇票、国内信用证、保理、银行承兑汇票、流动资金贷款等搭配形成一个"药方"最好。

　　搭配的目的是吸收每种产品的好处，同时将每个产品的副作用降到最低。方案的目的就是尽可能解决客户最关心的问题，同时，每个产品之间互相补短。

　　建立个人的品牌。不管是在行内还是在行外，我们每个人都应该打造自己的核心竞争力，让审批人员认为你办事牢靠，让客户认同你，觉得你办事有谱，愿意与你交往。

　　银行是替客户管理资金的生意人，取得行内和行外的信任是做成生意的第一前提。

# 第十八课　预收账款是保兑仓、资金监管的产物

> 真正的好企业是从下游经销商获得融资，而不是寻求银行贷款。只要给下游经销商适度补贴，经销商就愿意早付款，供应链融资就能帮助核心企业产生内源性现金流。

## 【科目概念】

预收账款指企业按照合同规定或交易双方的约定，向购买单位或接受劳务的单位在未发出商品或提供劳务时预收的款项。

一个企业的强大和快速发展并不是全部由企业产品质量决定的，而是由产品加商业模式共同决定的，商业模式决定成败。

## 【指标分析】

（一）预收账款量大的企业现金流安全

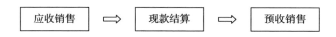

**图18-1　企业转变销售模式**

银行帮助企业转变销售模式，应收销售模式转变为现款现结，最终升级为预收销售，企业只有不断升级销售模式才能不断改善经营现金流，财务状况才会健康。

企业由弱变强不仅是产品质量提升、管理升级的过程，也是资金管理、销售结算模式升级的过程，只有三个过程彼此兼顾，才能成就一个真正强大的企业。

表 18 – 1　现款结算与预收结算

| 现款结算 | 1. 既定的现行价格政策；<br>2. 现款现结，产业链运行缓慢 |
|---|---|
| 预收结算 | 1. 核心企业需要提供价格折扣；<br>2. 核心企业产品本身属于名牌产品；<br>3. 银行适度提供经销商融资 |

（二）商业模式可以决定预收账款产生

预收账款有时候不是因企业特别强势而产生的，而是由商业模式决定的。银行不应简单地为企业提供简单信贷业务，而应当真正担当企业财务顾问，为企业提供经营模式诊断、金融资源使用策划、商业模式设计等服务，体现融资之外的含金量，提高银行服务的附加值。

【风险提示】

（一）预收账款融资应是给企业锦上添花，绝不是雪中送炭

如果企业本身产品畅销，再加上金融工具支持，无疑可以帮助企业获得更多的预收账款，企业财务报表可以进一步美化。

要防范以下情况：部分企业本身产品质量差、销售困难，利用银行发展供应链融资，由企业提供担保，银行对下游客户提供融资，企业在收到预收账款后，间接套取银行信贷资金，而产品在终端根本没有销售，预收账款未来会有巨大司法诉讼风险、退货风险。

（二）防范卷入某些行业预收账款纠纷

在教育行业、医疗行业、美容美发行业、房地产行业常出现预付账款纠纷。银行发展资金监管业务，如果疏忽对预付费资金进行监管，没有对企业进行严格筛选，很容易被卷入纠纷。不能因为拓展业务留下很多风险隐患。

（三）防范借名融资风险

银行应避免向实力极弱的核心企业提供学费贷、医美贷、美发贷等特定产品，例如，教育公司、医美企业、美容美发企业存在经营不规范、经

常跑路的情况。银行最应该担心被卷入企业商业纠纷，连累声誉风险。

某知名教育公司为学员提供退款承诺，要求银行为学员办理学费贷款，以此获得大量资金，最终因为退款纠纷导致银行不良。

某开发商自身融资困难，为购房者提供无条件退款承诺的销售模式，要求银行为购房者发放购房贷款，以获得售房资金，最终因为退款纠纷导致银行不良。

以上两类事件貌似是销售行为，其实就是借名融资。

**【客户示范】**

1. 产品畅销的公司。产品畅销的公司，对下游企业处于强势地位的公司都会有大量的预收账款，如烟草公司、石油公司等。产品畅销的公司，其下游商户必须先打款排队订货。

2. 采取"生产厂商＋经销商"模式的公司。生产企业对经销商处于绝对强势地位，经销商按照厂商销售政策，必须向厂商支付预付款，因此，厂商产生大量预收账款。

3. 教培机构。收取长期学费的教培机构往往都有较大金额预收账款，例如，英语培训机构、幼儿教育机构等。

4. 大型航空公司、铁路公司。大型航空公司往往一年前就会将机票进行出售，会有巨额的预收账款。

**【营销建议】**

1. 帮助核心厂商制造预收账款最有效的工具就是未来货权融资产品，包括保兑仓和未来货权质押融资（厂商银）。这类融资会给银行带来非常可观的存款收益。以连带责任保证方式为符合融资条件的公司非关联经销商向指定银行开展供应链融资的授信额度提供担保，担保总额最高不超过担保额度，担保期限为1年。上述融资用途仅限于经销商支付公司货款，经销商法定代表人一同承担连带责任。该担保的目的是，加速公司应收账款的回笼，减少坏账损失，促进公司业务发展，进一步扩大销售规模，提升公司产品的市场占有率，同时缓解经销商短期资金周转压力，实现公司与经销商共赢。

2. 应当积极引导客户使用保兑仓和未来货权质押产品。在营销中应当注意顺序：首先营销保兑仓产品，这个产品对银行保障程度最好；如果客户不接受回购，再营销未来货权质押。要从对银行风控最有利的方式去营销银行产品。

保兑仓是指供应商、购货商、银行签订三方协议，以银行信用为载体，以银行承兑汇票为结算工具，由银行控制货权，供应商受托保管货物并对银行承兑汇票保证金以外部分以货物回购为担保措施，购货商随缴保证金随提货而设计的一种厂、商、银共同合作的特定票据业务。

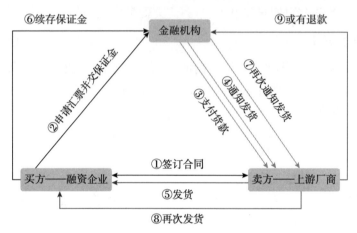

**图18-2　担保提货（保兑仓）融资模式**

两类保兑仓模式如图18-3所示。

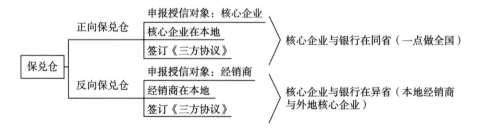

**图18-3　两类保兑仓模式**

## 【案例】

### ××工业车辆有限公司关于开展保兑仓业务

××工业车辆有限公司经营范围包括：叉车、物流设备的生产、销售、租赁、改装、维修；经营本企业生产的原辅材料、润滑油、仪器仪表、机械设备、零配件的进出口业务（凭进出口备案登记证经营）；与经营业务相关的技术服务及技术交易；实业投资等。

根据公司经营发展的需要，为加速资金回笼、降低经营风险，结合工业车辆公司经营规划，公司拟批准工业车辆公司开展保兑仓业务，并对外提供总额不超过 3000 万元、期限不超过 6 个月的担保，同时授权工业车辆公司管理层签署相关合作协议。

**【口诀】**

预收账款都喜欢，

企业介绍经销商，

银行操作保兑仓，

提前收取现金流。

**【点评】**

要通过授信产品拉存款。保兑仓如果营销得当，会给银行带来惊人的存款，属于典型的"抽水机"型产品，可将经销商资金源源不断地吸收上来。

给广大客户经理一个成功的营销技巧：首先解释目的，然后说明手段。目的很简单，就是给客户带来具体的利益。

我们接触过一个大型白酒企业的总经理，我们一来就开门见山，我们不是来做简单贷款和拉存款的，我们是来帮助您卖酒的。企业老总一听，非常高兴，这样我们就有机会慢慢解释保兑仓产品。不要一开始就讲保兑仓定义，这些内容过于复杂和枯燥，客户听到会睡着的，更别提客户是否会马上接受了。

银行客户经理就是商人，首先我们出售自己的人品，客户接受我们的人品，就愿意购买；其次我们出售银行的产品。人品成交在前，产品成交在后。

# 第十九课　如何向应付薪酬大的贷款户营销代发业务

对贷款客户一定要营销代发薪酬业务，使对公业务拉动对私业务，对私业务推动对公业务，二者互为鱼水，相辅相成。

## 【科目概念】

应付薪酬核算企业按照有关规定向职工支付工资、奖金、津贴等。

## 【指标分析】

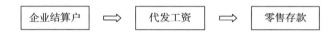

图 19－1　指标分析

代发薪酬业务是银行的一项中间业务，通过代发薪酬可以大幅提高银行零售存款，提升企业在银行的结算存款。

代发工资业务因其具有批量获客活客、抢抓资金源头和强化银客关系等属性，而对银行业务经营具有重要意义。

如何才能准确抓住客户需求，如何做大本行代发业务是需要思考和解决的问题。

代发工资对银行的好处有以下两点。

1. 增加银行"公司客户"和"个人客户"。银行维系客户关系的主要手段是代发工资。在公司客户方面，公司与银行开展委托代发合作，需要在银行开设对公账户，如此一来就需要建立银行与公司客户的紧密联系。在个人客户方面，公司开设对公账户后，再给公司所有员工开立银行卡，银行增加个人客户。

2. 可以刺激银行存款的增长。无论是客户把支付给员工的工资汇款到银行对公账户，形成对公存款，还是银行代发工资给员工后，员工一时不将工资取出，形成个人存款，都会增加银行沉淀资金和现金流，形成资金体内循环。

**【风险提示】**

1. 防范诈骗风险。在保险行业，经常出现诈骗银行薪酬贷款的情况。部分保理中介代理公司以与大型保险公司虚假待支付佣金作为应收账款质押，诈骗银行贷款。

2. 防范信贷资金用途挪用的合规风险。很多企业把原本申请购买原材料的流动资金贷款转为发放工资，这存在合规风险。在申请信贷的时候必须说明具体的用途，用贷一致，这是基本规矩。

3. 防范申请贷款给实际控制人、个别股东分红等。申请流动资金贷款用途本是发放员工薪酬，而实际上是用于个别高管的薪酬、股东分红，存在严重合规风险。

**【客户示范】**

1. 通常人力密集型的行业，例如，教育企业、医疗企业、施工企业、汽车制造企业、钢铁制造企业、物业企业、人力资源企业、大学等用工人数量巨大，是银行营销代发薪酬业务的黄金客户群体。

2. 部分平台型的客户，比如，网约车平台、直播平台、电商平台、医生平台、课外教师作业平台，这类平台代发业务量比较可观，如滴滴平台、抖音平台、好医生平台、作业帮等。

3. 劳务外包公司有可观业务量，例如，铁路公司、公交公司、银行大厅前台、大型体育活动的部分工种采取与外包公司签约模式。外包公司直接向工作人员发放工资，这类劳务外包公司代发量也较为可观。

**【营销建议】**

1. 办理工资贷款业务时，银行定向发放的贷款被用于企业、平台劳务单位发放薪资。这类贷款需求量非常庞大，用途真实可靠，而且客户的还款信誉较好。

工资贷款业务适用对象为施工企业、学校、医院、软件公司等劳动密集型行业。

2. 代发工资结算时，银行通过账户服务、结算汇款服务，将代发工资定向支付给这些劳务者的个人账户。

3. 银行必须结合报税、算税和缴税，营销代发薪酬业务，才更具备竞争力。例如，招商银行重点在代发薪酬业务发力。

【案例1】

××有限公司是具有世界竞争力和影响力的钢铁上市公司，员工总数高达20万人。

某银行在通过贷款介入该公司后，积极向公司营销代发工资业务，员工在大范围内使用银行提供的包括手机银行、薪酬优化、代理保险和基金、理财、信用卡等在内的业务。例如，公司将工资通过银行代发，如果其中有20%的员工将月薪顺便购买银行的理财产品，那么银行每年将有2400万元理财资金到账，这无疑会给银行带来很大中间业务收益。

【案例2】

××平台有大量网约车司机，活跃司机在10万人左右，这些司机在平台上接单，每天忙碌，日结算金额超过3亿元。银行与××平台合作，由××平台提供网约车司机代发薪酬的数据，由银行通过系统直接代发薪酬给网约车司机，使银行沉淀了巨量的存款。

【案例3】

××劳务外包公司承担了某地铁公司约有5000名安全员的代发劳务业务。由于地铁公司采取季度结的方式，而劳务公司每月垫付安全员月结，所以有大量员工工资贷款融资需求。

银行考虑到地铁公司支付能力极强，对××劳务公司定期发放薪资定向贷款3000万元。企业获得贷款以后，由银行定向受托支付给这些劳务者。地铁公司支付资金给××劳务公司后，银行定期扣收归还贷款。

【口诀】

> 应付工资要注意，
> 贷款客户必代发，
> 公司联动收益高，
> 代发工资不可少。

**【点评】**

　　好的授信方案绝不是单一信贷资源的供给，供给方应当考虑组合方案，以信贷资源为抓手，组合结算、托管、代发薪酬等。贷款客户不在本行代发薪酬，银行承担了巨大的风险，却仅有微薄的利息收入，很不划算。例如，赤壁之战，周瑜出力最多，收获却不够。

# 第二十课　长期借款采取组合金融方案方式

对长期项目融资，务必锁定其经营现金流，项目经营现金流封闭在银行体内循环。以锁定经营现金流降低长期借款风险，以长期借款促进企业经营现金流尽快回正。

**【科目概念】**

长期借款是指企业向银行或其他金融机构借入的期限在 1 年以上（不含 1 年）或超过 1 年的一个营业周期以上的各项借款。

长期借款一般用于固定资产的购建、固定资产改扩建工程、固定资产大修理工程等方面。

在通常情况下，长期借款借款人一定是制造类企业、大规模固定资产投资企业，通过长期贷款购置、建设大型工程项目等，而这些项目未来将产生持续、稳定的现金流。

**【指标分析】**

1. 适于长期借款的企业，其固定资产投资金额一般都较大，未来有较为稳定的长期现金流，虽然企业短期偿债能力差，但是长期偿债能力较强。

2. 通常大型公路项目、污水处理项目、城市垃圾处理项目、高速公路收费项目、停车场收费项目、电厂项目、机场的长期现金流稳定，适合长期贷款。

3. 已经建成的固定资产抵押贷款与资产证券化很类似，这些资产质量较好，能产生长期稳定的现金流，覆盖银行长期的贷款本息，如高速公路项目资产证券化等。

4. 长期借款就如同个人的住房按揭贷款，每个人购买个人住房，使用个人的工资收入归还贷款，工资收入就是长期稳定的经营现金流，而个人住房按揭贷款就是一笔长期固定资产贷款。

**【风险提示】**

1. 对于实力较弱的民营企业，要避免长期贷款改为短期贷款或票据，这类企业资金链紧张，经营确定性尚可，后续资金来源较慢，在抵押品充足的情况下，适合提供长期融资，不可改为短期融资。

例如，对中小房地产公司应提供3~5年期土地使用权抵押开发贷款，避免提供银行承兑汇票。

2. 因为每个企业实力不同，股东背景不同，所以即便经营同样产品，也不能采取一样的金融服务方案、相同的金融产品，否则很有可能出现南辕北辙的情况。

例如，民营石油公司和中石油集团，经营都是油品，民营石油公司必须落实严格抵押担保，必须切割出一块独立资产进行封闭融资。而中石油集团，更重要的是如何营销对方提取贷款，往往即便安排大额授信，提款极为艰难，更别提封闭了。

3. 对于项目长期融资，务必锁定其经营现金流，项目经营现金流封闭在银行，以封闭的经营现金流去归还长期贷款，形成长期贷款与项目建成后经营现金流封闭对应自偿关系。

**【客户示范】**

1. 大型电站建设项目，由银行提供电站建设项目融资。

2. 大型燃气建设项目，由银行提供燃气项目融资。

3. 大型机场建设项目，由银行提供项目扩建固定资产贷款。

4. 大型公路建设项目，由银行提供公路项目改造固定资产贷款。

5. 大型的飞机采购，由银行提供飞机固定资产贷款。

6. 大型轨道客车采购，由银行提供客车采购固定资产贷款。

7. 大型医疗设备采购等，由银行提供设备采购固定资产贷款。

**【营销建议】**

（一）提供量身定制的金融解决方案

银行应当正确分析企业融资情况，帮助企业设计最合理的融资方案。切记，不要提供标准化的融资产品。

必须懂得金融工具的组合运用，例如，票贷组合、贷结组合，只有组合才能既满足客户的需求，又能使银行有效实现交叉销售，提高与客户的合作黏性。既为客户降低了成本，银行又不亏钱。通过降低服务的边际成本，满足客户的个性化需求。

（二）适合企业的方案才是最优方案

最合理的融资方案一定与企业经营情况高度吻合，使融资成本适度。融资成本最低的方式不见得是最好的融资方案，适合企业现金流特点、能够支撑企业长远发展的融资方案才是最好的。

银行提供授信品种需要强调授信产品与企业经营的吻合度。授信产品要能准确地嵌入企业的经营环节，服务企业的经营具体需要，要么帮助企业降低采购成本，要么帮助企业扩大销售，而非提供泛泛的流动资金贷款。

（三）差异化竞争策略

基层银行要秉持竞争策略：对于电力、电信等王牌客户的大型新建项目采取差异化竞争策略。银行总行一般提供大额贷款，高举高打；基层银行应当重点提供票据、供应链融资，通过票据、供应链融资去切存款蛋糕。授信一定要起到"画龙点睛"的作用，能够"四两拨千斤"。

特大型优质客户使用票据、供应链融资的特点如下：

1. 基础交易时间较长，票据、供应链融资结算截取其中一段时间。

2. 由于票据、供应链融资结算与融资功能完美合一，而票据、供应链融资相对于贷款利率绝对优势催生客户产生此类需求，是企业"两利选其重、两害取其轻"的选择结果。

3. 需要以企业日常资金池中资金不断解付票据、供应链融资，但对于一些超强的垄断型客户，获得源源不断的资金易如反掌。

银行必须注意：这类客户必须是自身实力极强、资金流旺盛、股东背景优势突出的特大型集团客户，如三大石油集团的固定资产项目、三大电信集团的设备购置项目等。这些项目产生的现金流最长甚至超过 10 年，本应当借入 5~10 年中长期项目贷款，但是长期贷款利率偏高。而这些项目投资主体实力非常强劲，融资渠道非常畅通，再加上有已经建成的其他项目可以带来充裕现金流，因此，可以采用票据、供应链融资作为采购支付工具。在融资组合中加入票据、供应链融资的最大作用在于降低客户一篮子组合的加权融资成本。

国内大型企业非常重视降低财务费用，票据、供应链融资使用量上升很快。银行应当意识到，大企业利用票据、供应链融资的便利性进行低成本融资已经成为必然选择。对于大企业这些趋势，应当重视研究，根据其资金需求特点，提供量身定制式的融资方案。

【案例】

## ××铁路有限公司融资盘子适度配比票据

一、企业基本概况

××铁路有限公司是一家有着二十多年行业经验和国际化视野的铁路企业，公司从事铁路经营。

二、财务指标分析

该公司属于超级大型企业，实力颇强，融资环境极为宽松。银行发现该公司长期借款金额巨大，又准备发行长期债券。

近期，该公司准备临时采购部分铁路维修设备，金额不足 2 亿元，在该公司接近 200 亿元的融资盘子中占比极小。

三、银企合作情况

银行建议，对铁路维系设备采取"长期贷款票据化策略"，在总融资盘子中适度加入银行承兑汇票。此次 2 亿元设备采购使用银行承兑汇票。考虑到该公司实力，兑付银行承兑汇票的风险极小。

【点评】

如果你没有与客户厮守一生的决心，请你不要只是暂时介入。长期贷款就像是选择爱人的过程，没有信任，片刻也不要停留。长期贷款投放容易，收回困难。一旦客户陷入经营困境，砸锅卖铁自身难保，别提还银行了。通常，银行都是企业考虑的最后债权人。

# 第二十一课　用投行工具帮助客户筹措实收资本

---

实收资本是股东对企业看好最有力证明，只有股东不断投入，银行才敢追加贷款。在企业的长跑游戏中，银行是追随者，而不是领跑者。

---

【科目概念】

实收资本是指投资者按照企业章程或合同、协议的约定，实际投入企业的资本。

【指标分析】

1. 分析实收资本实用技巧。

第一，核查入资的真实性。要求企业提供公司章程、合同、批件，对照法律法规检查是否合法合规。提供验资报告，重点检查客户"实收资本"入账金额与所附原始凭证是否一致。对于货币资金出资，应检查开户银行的进账单缴款凭证或转账支票的金额币种是否与合同章程规定一致。

第二，核查入资的合法性。检查客户筹资的方法、手段和金额是否符合国家的有关法律、法规和政策的规定。

第三，核查无形资产的有用性和有效性。在检查投资者投入的专利权时，看是否提供了专利证书、注册证书，价值是否评价合理。

2. 实收资本是企业永久性资金来源，它是保证企业持续经营和偿还债务最基本的物质基础，是企业抵御各种风险的缓冲器，实收资本越充足，企业承担各种风险的实力就越强。从银行分析的角度来看，实收资本越多越好。

**【风险提示】**

（一）防范抽逃资本风险

部分实力极弱的企业存在抽逃实收资本的风险，尤其是民营房地产集团，到处抢地，而自身资金实力不足，在注册一个项目公司并注入资本后，将资金立即抽出来，转移到其他项目上，资金链高度紧张。"八个坛子七个盖，盖来盖去会穿帮。"

自有资本是风险的缓冲垫，只要抽逃实收资本，企业将丧失资本金，全靠外部贷款及合作伙伴资金，会将企业资产负债率拉升到90%甚至100%，这无疑极大地增大了银行的贷款风险。

（二）资本金未到位就发放贷款的风险

银行项目贷款通常需要配合项目资本金先启动，要求项目资本金在银行贷款前到位。项目资本金不到位，银行就发放贷款，存在巨大的合规风险。

**【客户示范】**

在以下项目建设中，通常需要项目资本金。

1. 大型基建项目（例如，各地方建设的路桥，总部提供部分资本金）。

2. 房地产项目（房地产总部提供项目公司资本金，在当地银行获得房地产开发贷款）。

3. 大型电厂项目（例如，各地方建设的大型电厂，总部资本金陆续到位）。

4. 煤炭能源项目（例如，各地方建设的煤矿企业，总部提供部分资本金）。

5. 大型地铁项目（地铁项目通常投资金额巨大，项目资本金较高，期限极长）。

**【营销建议】**

1. 一些优质项目，其股东背景极强。当股东方前期投入资金不足时，银行可以采取与资管公司合作方式为项目筹集资本金。资管计划退出方式就是股东到期回购，这类计划作为过桥项目资本金。

银行可以通过为项目提供财务顾问服务，为项目设计综合金融服务方案，组合运用各种融资工具，拓宽项目资金来源渠道，有效分散风险。

2. 对于一些发展速度极快，有巨大成长潜力、资本市场机会更好的一些中型企业，银行可以积极提供资金撮合业务，引入外部的资本投资方。

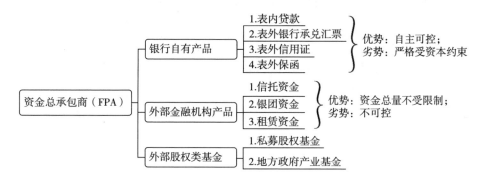

注：FPA 即客户融资总量（Finance Product Aggregate），是指一家银行为客户提供的不限于传统表内贷款的全部融资规模。

**图 21 - 1　资金兑承包商（FPA）**

3. 投贷联动业务。投贷联动主要是指商业银行和 PE 投资机构达成战略合作，在 PE 投资机构对企业已进行评估和投资的基础上，商业银行以"股权 + 债权"的模式对企业进行投资。

【案例】

### 某银行提供股本融资

××空调有限公司应邀参加某行选拔优秀科创企业的"××"大赛，通过层层角逐，最终进入"××"20 强，获得银行"小股权 + 大债权"的投贷联动产品支持，解决了本公司承接机场订单时面临的资金缺口难题。

通过投贷联动，企业还可共享银行资源，增强信用背书，"一下子有了接大单的底气"。被誉为"新世界七大奇迹"的××机场的主航站楼的岛式空调、循环空调、新风热回收机等一系列硬核科技均来自××空调有限公司。

【点评】

　　对于看好的公司，银行可以提供"股权＋债权"组合融资方式。好客户就是最好的原材料，需要厨师精心烹制成佳肴。选择客户的第一位永远是看是否有良好的股东背景，其次是看是否具备知名产品。选择贷款客户，要回避那些假"豪门"。

　　人进入职场，就如身入江湖，必须一往无前，与其当个无名小卒落寞地老去，不如奋不顾身杀出一片江湖。客户就是"江湖"，授信产品就是"手中剑"，既然选择江湖，就需要仗剑走天涯，杀出一片天地。

# 第二十二课　如何从表外负债发现营销机会

银行信贷策略如下：

对于优质企业，可以从表内负债向表外负债发展，适度帮助其加杠杆，争取更多资源；

对于差企业，应当从表外负债向表内负债发展，适度收缩，悉心观察，再图更远将来。

【科目概念】

表外融资是指无须列入资产负债表的融资方式，即该项融资既不在资产负债表的资产方表现为某项资产的增加，也不在负债及所有者权益方表现为某项负债的增加。

表外融资是一种很隐性的融资方式，可以采取很隐蔽的方式帮助企业筹集大量的资金，而这种融资方式并不体现在资产负债表中。

很多希望快速发展的企业（如上市公司、拟上市公司、大型民营企业）往往对这种表外融资方式非常感兴趣。

【指标分析】

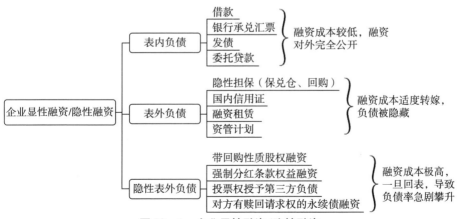

图 22 - 1　企业显性融资/隐性融资

**【风险提示】**

1. 表外融资应适度。银行向企业营销表外融资应适度，不可无限量帮助企业操作表外负债，将企业负债拉升到一个极高境地，××房地产集团、××影视集团，以及其他房地产公司出现严重的风险，就是过度运用表外工具的结果。

2. 表外融资有窗口期。在经济上升期，可以适度做部分表外融资；在经济下行期，一定要尽快收回表外融资。在经济上行期，需求旺盛，连猪都能飞起来，生产多少销售多少，往往会掩盖企业的管理能力短板。

3. 防范过度对外发债担保。担保项目时间长短不一，有的涉及企业长期债，有的涉及企业短期债。在分析企业偿债能力时，应根据有关资料判断担保责任久期。

4. 防范隐蔽融资租赁项下负债。一些企业出现危机往往是因为表外负债，如购置长期固定资产，不是通过向银行贷款，而是通过租赁公司进行经营性租赁方式获得资产等。通过这样的方式，规避在资产负债表中反映过多银行贷款，但会超出其自身偿债能力过度融资，很容易造成资金链断裂。

一个明显需要大规模固定资产的企业，固定资产却极少，就一定要分析企业真实融资意图。如果企业通过租赁公司租入大量设备，是为了减少银行贷款，或者其自身是上市公司，为了满足监管要求，或者配股、增发等要求，这样的理由是可以接受的。比如，在中国的海外上市公司，如果要向银行贷款，需要董事会通过，贷款规模要符合证券交易所监管规定等，这些公司购置大型设备的时候，一般采取租赁方式。

如果企业采取租赁方式降低现有贷款规模，是为获得更多银行贷款，搞并购、做投机，这样的企业一定要小心。

5. 防范中企出海并购风险。HH集团海外并购和WD集团海外并购，被国际市场做局，到头来都是一场空。银行提供的大额融资很容易出现风险。

**【客户示范】**

1. 对股东背景实力极强的企业（如大型中央企业项目）适度操作表外融资。例如，大型石油企业、大型电力公司、大型铁路公司、大型电信公司等，这些公司需要适度的表外融资，以降低企业资产负债率，满足上市发债等基础要求。由于这些公司有极好的股东背景，即便适度做些表外融资，其融资风险也尚可控。

2. 极为优质的上市公司投资的项目，由于上市公司本身需要财报表现，在项目建设期、初创期需要融资，在上市公司提供增信的情况下，银行可以适度操作一部分表外融资。营销表外融资工具的阶段应当是行业处于上升期。

**【营销建议】**

银行营销表外工具包括以下四个要点。

1. 对于保兑仓回购担保项下的负债来说，由于这类融资不需要对外披露，所以有很强的隐蔽性，银行应高度注意企业在他行已经大量操作保兑仓的客户。同时，应防范企业不能按时供货的风险。一旦不能供货，就是事实上的借名贷款，不再是供应链融资。

2. 企业签发国内信用证属于企业表外融资项目，这类融资对企业属于刚性负债，到期必须兑付。很多企业都采取使用国内信用证来降低负债总额，避免直接使用贷款或签发银行承兑汇票被计入表内，达到既使用银行授信，又不引起资产负债率上升的目的。

3. 资本市场对企业资产负债率有刚性要求，部分企业本身偿债能力较佳，对表内贷款需求较少，有一定表外融资需求。表外融资对于希望上市的公司和已经上市公司都非常适用，要清楚这些产品的营销要点。

4. 银行必须清楚每项银行产品能够给企业带来哪些利益，要能够切实分析清楚企业最关心什么，从企业最关心的利益入手营销表外融资产品。

**【案例1】**

### ××高速铁路股份有限公司表外融资

××高速铁路股份有限公司是铁路行业引入社会现金投资者和中外合作经营的铁路公司，践行铁路建设投融资体制改革。公司作为高速铁路及沿线车站的投资、建设、运营主体，采用委托运输管理模式。铁路连接两大经济区，稳定的客流为公司良性发展提供了坚实基础。

××银行作为主结算银行，除提供大额融资外，此次牵头保险团队组成保险投资计划，保险团队集体出资约 160 亿元，占总股份的 13.93%，为第二大股东。

基础设施类项目一般所需资金量较大，项目营运周期长，与保险资金规模大、期限长的特点相匹配。作为持有大额、长期资金的重要机构投资者，保险机构投资基础设施项目，有利于发挥保险资金的融通功能，深入参与国民经济生活，支持国民经济增长，也有利于拓宽保险资金运用渠道，改善资产负债匹配状况，分散投资风险。

【案例 2】

## 中国××铁路物资有限公司国内信用证

中国××铁路物资有限公司是一家特大型国有企业，银行评价为 A 级，注册资金为 4.7 亿元。它是集国内外贸易、仓储物流于一体的现代商贸流通企业。在公司负债中，应付票据高达 21.5 亿元，占其负债总额的 60% 以上，主要原因是公司主要采用银行承兑汇票的结算方式，这也直接导致企业资产负债率高达 90%。因此，公司对改善报表需求强烈。此外，市场票据贴现利率持续攀高，也大大增加了企业整个业务链条财务费用支出。基于客户年度审计前较为迫切的财务报表改善意愿及持续融资需求，银行向公司重点推介国内信用证融资方案。该方案基于公司稳定的产业交易链条，利用公司核心企业地位，为其向上游供应商进行采购提供国内信用证结算方式来取代传统银行承兑汇票结算方式。

公司原在银行有 3.5 亿元人民币银行承兑汇票额度，公司将 1 亿元人民币银行承兑汇票额度串用为国内信用证开立额度，公司在银行开立国内信用证 4 笔，累计开证金额 8859 万元人民币，实现中间业务收入 40 多万元人民币。

业务流程：

1. 中国××铁路物资有限公司与 B 公司订立购销合同，约定的付款期限为出具货物收据后 180 天，以国内信用证作为结算方式。

2. 依据双方贸易合同，公司向银行申请开立国内信用证。

受益人：B 公司。

付款期限：货物收据签发后 180 天。

要求单据：B公司出具的增值税发票正本一份；中国××铁路物资有限公司为B公司出具的货物收据等。

商品名称：钢材。

3. 银行根据公司申请，开立国内信用证，信用证付款期限为货物收据后180天，并向B公司通知国内信用证。

B公司根据收到的国内信用证制作单据，包括正本增值税发票、收货凭证等，并向银行提交单据。

4. 银行向公司提示单据，在得到确认后，向B公司承兑。

B公司获得承兑后，与银行签署《议付协议》"议付申请书"、基础交易合同、授信人基础资料、贷款卡信息等融资放款需要的材料，银行审核材料后议付融资放款。

5. 信用证到期付款日，公司向银行支付信用证款项，该款项直接归还B公司议付融资款项。

**【点评】**

表外业务和表内业务对商业银行的作用何在？

表外业务做存款，表内业务做利润。通过做表外业务拉动负债业务，通过做表内信贷业务提高利润。这是商业银行经营的黄金法则，请牢牢记住。表内业务就是武将的工作，如赵云、张飞、关羽；表外业务就是谋士的工作，如孔明、郭嘉、荀彧，缺哪个都不会成功。

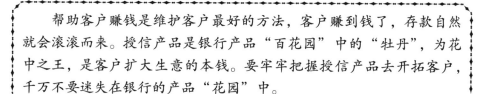

帮助客户赚钱是维护客户最好的方法，客户赚到钱了，存款自然就会滚滚而来。授信产品是银行产品"百花园"中的"牡丹"，为花中之王，是客户扩大生意的本钱。要牢牢把握授信产品去开拓客户，千万不要迷失在银行的产品"花园"中。

# 第二十三课  阅读利润表识别贷款覆盖程度

利润表是一个企业经营能力的表现，利润连年攀升表明企业经营能力增强，需要不断地获取外围资源。因此，可以考虑对企业不断追加贷款投放。

**【科目概念】**

利润表又称损益表或收益表，是反映企业一定时期内经营成果的会计报表。

它把一定期间的营业收入与同一会计期间相关的营业费用进行配比，以计算出企业一定时期的净利润（或净亏损）。由于利润是企业经营业绩的综合体现，又是进行利润分配的依据，因此利润表是会计报表体系中的主要报表。

**【指标分析】**

1. 利润在一定程度上决定企业偿债能力。企业偿债能力不仅取决于资产流动性和资本结构，也取决于获利能力。企业在个别年份获利能力不足，不一定影响偿债能力，但若长期丧失获利能力，资产流动性必然由好转坏，资本结构也将逐渐由优变劣，陷入资不抵债的困境。因此，数年收益很少、获利能力不强甚至亏损的企业，通常其偿债能力不会很强。

2. 看收入必须评价对应的投入。谈收入必须看企业消耗多少资源，包括显性的资源（原材料、贷款等）和隐性的资源（人工、时间、支出等）。

杀敌1000，自损800，是一个勉勉强强的企业；杀敌1000，自损1000，没有市场存在的价值，搭上人工成本、时间成本后还亏损；甚至还有的杀敌1000，自损1200，将自有的本金都损失，这就根本不是在做实体生意，而肯定是在做资金生意。

3. 利润揭示企业的未来是否有能力创造财富。开办企业是为了赚钱，如果没有利润，再多资产也无济于事。因此，对企业经济效益的分析显得

132

尤为重要。企业利润表恰好能够满足要求，它记载了企业的收入和费用，揭示了企业未来是否有能力创造财富。

4. 短期偿债看现金流，长期偿债看利润。

经营现金流占比越高，企业经营效率越高

| 收入 | ⟹ | 利润 | ⟹ | 经营现金流 |

**图 23－1　收入、利润与经营现金流**

企业必须通过资产运用产生收入；而收入扣除成本后必须有利润，企业才能长期发展；利润背后必须有真金白银的现金流，企业才能正常经营下去。

银行能否提供贷款主要有以下两大因素：

（1）长期贷款的关键考量因素是企业是否有足够的利润，只有企业利润足够丰厚，才能够支撑长期贷款。

（2）短期贷款的关键考量因素是看企业的现金流，只有企业有持续稳健的现金流，才能应对短期贷款归还。

【风险提示】

虽然企业销售额很大，但是现金流很差。这类企业销售基本都是赊销模式，对应收账款没有科学有效的管理，导致企业出现大量的坏账，最终拖垮企业。银行一定要回避这样的客户。

【客户示范】

1. 大型重资产型公司，如大型铁路公司、公路公司、钢铁公司等，这类公司收入小于资产，虽然资产规模非常庞大，但是收入不高。这类公司长期偿债能力极强，短期偿债能力一般。

2. 大型贸易商，如石油贸易商、煤炭贸易商、家电经销商等，这类公司往往销售额巨大，但是总资产规模不大，周转率较快。这类公司短期偿债能力极强，长期偿债能力一般。

【营销建议】

1. 大型重资产型公司往往需要流动资金贷款、固定资产贷款、项目贷款的多种组合，通过短期贷款支撑原材料采购，长期贷款配合资本性投入。

2. 资产规模较小但是销售收入较大的流通型客户，例如，石油贸易商、煤炭贸易商、家电代理商，普遍现金流量较大，对银行表外融资需求量巨大，这类客户需要银行承兑汇票和国内信用证。

3. 依据企业的销售收入创造能力来决定给企业核定的贷款具体额度。只有这样，才能确保贷款有明确销售收入来归还。同时，这些收入必须是真金白银的现金流收入，不能有大额应收账款。

【案例】

## ××集团公司银行承兑汇票和国内信用证融资

××集团公司是成建制转体组建的大型国有流通企业，是政府授权经营管理国有资产的运营机构，公司销售收入超过 1000 亿元。

该公司属于流通型客户，非常适合提供银行承兑汇票和国内信用证。通过提供表外融资工具，银行可以获得可观的存款。

【点评】

商业银行四项核心用信工具为贷、票、证、函，贷属于表内工具，票、证、函属于表外工具。设计授信方案不过是这四个工具和担保方式的不同组合。表内工具做利润，表外工具做存款，请牢牢记住。表外做中收，表内做营收。先做表外业务，再做表内业务。表外业务"收粮"、表内业务"做饭"。

客户经理真没有必要每个行业都开发。在任何行业钻研 5 年就会成为这个行业的专家，钻研 10 年就会成为这个行业的权威，钻研 15 年就可能会成为这个行业的标准。成为一个行业的专家，营销将事半功倍。

# 第二十四课　对主营业务收入高的
## 客户放心提供授信

> 我们宁可选择一个有主营业务、经营枯燥的亏损企业，也不要选择一个看似有利润、经营花里胡哨，但是没有任何主营业务的企业。

**【科目概念】**

主营业务收入是指企业从事本行业生产经营活动所取得的营业收入。

主营业务收入根据各行业企业所从事的不同活动而有所区别：工业制造企业的主营业务收入指产品销售收入；建筑业企业的主营业务收入指工程结算收入；交通运输业企业的主营业务收入指交通运输收入。

无论是哪个行业，企业都必须有吃饭的饭碗。

**【指标分析】**

1. 主营业务收入越多越好。如果在企业总收入中，主营业务收入占比极高，甚至100%都是主营业务收入，那么这个企业高度聚焦，属于好企业。分析企业不能仅看规模大小，关键要看收入是否由主营业务贡献。

2. 主营业务收入带来的现金流越大越好。在主营业务收入中，必须有真正的经营现金流。如果现金流量较大，而不是应收账款较大，那么这个主营业务的收入质量极高。

**【风险提示】**

（一）回避没有主营业务的企业

有一定主营业务的企业才有一定道德观念和行为准则；没有一定主营业务的企业，其经营行为很难控制。假如没有主营业务，经营行为就有随意性和投机性，赚了钱就大肆吹嘘，亏了钱就一走了之。

如果企业认为利润是自己的，风险是客户的，负债是公司的，责任是社会的，那么一旦失败就会无所顾忌，这类企业融资风险极大。我们宁可选择一个有主营业务亏损的企业，也不要选择一个看似有利润，但是没有任何主营业务的企业。

（二）回避总想投机的企业

总是投机取巧，总想挣快钱，总想搞资本运作，快速形成利润的企业要回避。这种方式不会持久，不符合市场核心规律。资本市场越来越规范，企业投机取巧的可能性就越来越没有。

过去利用信息不对称、制度性的漏洞赚来的钱，在未来都会亏回去。

（三）回避总想挣快钱的企业

部分企业由于主业利润不佳，往往希望采取投资金融交易资产，博取资本市场高收益以弥补主业利润不足，但这种方式风险巨大。例如，很多上市公司购买低信用的债券、高风险的信托计划，产生巨大损失。还有部分国有企业、上市公司、大型企业搞资金生意，通过融资性贸易出借资金给民营企业，更是存在巨大风险漏洞。

**【客户示范】**

1. 中央企业中国石油、中国石化、中国航天、中国船舶、中国铁建这些企业都坚持主业，很少跨界。无疑这些企业成为行业中的王者。

2. 部分民营企业中的华为电器、美的电器坚持自己主业不偏向，也成为民营企业之王。在一个方向始终坚持，一定会打出一口井。坚持就会成为专业，专业就会有优势。

**【营销建议】**

1. 对于主营收入极强的企业，银行都应该积极提供支持。企业不在于规模大小，而在于是否有主业。对有强大主业的企业提供无论是表内还是表外，无论是流动资金还是银行承兑汇票的所有信贷品种都是合理的。

对于这类客户，银行应该考虑用综合授信，满足企业全部付款、收款、结算的全口径业务，尽可能成为客户主办合作银行。

2. 有强大的主业并匹配经营活动现金流公司，就是银行的优质客户。这类公司有着极强的偿债能力，与银行信贷有极好的资金流匹配关系，能保证信贷业务安全。

3. 对一些多元化的集团，如果发现具备开发价值，那么就找出其中的主业部分，坚决收口在主业板块提供融资。例如，××集团从事航空、金融、地产、旅游等多个板块，其中航空是其主业，较为扎实，就需要坚决对航空板块提供融资，且融资必须用于外部油料的采购支付。

4. 对于具有高风险趋势、多元化、没有主业的客户，要坚决撤出，不留任何杂念，不贪图任何存款小利。

对于有风险的借款人，应当是釜底抽薪，而不是扬汤止沸。在洪水来临时，不要惦记那几个破箱子。

## 【案例】

### ××有限公司主业融资

××有限公司是一家集研发、生产、销售、服务于一体的国际化家电企业，拥有三大品牌，主营家用空调、中央空调、空气能热水器、手机、生活电器、冰箱等产品。

银行发现该公司主业突出，竞争力极强，银行为该公司提供了 2 亿元并购贷款。公司在日常采购的活动中收到大量的现金，支出使用银行承兑汇票。企业与经销商资金往来极为密切。银行为该客户提供现金管理业务，将客户的全部现金流纳入银行统一管理。

## 【点评】

银行在考虑能否提供长期大额项目贷款时，要考虑是否是好企业，选择企业应当自上而下。银行应与客户有共同的价值观、风险观，都秉承谨慎行事的作风，都目光长远。不去尝试打擦边球、挣快钱。

银行属于需要永远稳健经营、永远不去做投机取巧事情的行业。

# 第二十五课　通过设计融资方案帮助企业降低财务费用

在未来，银行的业务将从简单的"融资"逐步转化为"融智＋融资"，为企业量身定制金融服务方案，帮助企业获得专业化的融资便利，降低财务费用，提高企业资金管理水平。

## 【科目概念】

财务费用是核算企业为筹集生产经营所需资金而与银行或金融机构产生的借款费用，包括利息支出和手续费用等。

## 【指标分析】

1. 贷款负债属于有息负债，会产生巨大的财务费用；银行承兑汇票、国内信用证负债属于无息负债，会有一定手续费支出，但节省财务费用。在总负债中，表内负债越多、表外负债越少，会导致财务费用越多。

2. 信托、租赁公司融资成本极高。在总负债中，信托、租赁公司融资占比越大，银行贷款占比越小，说明企业融资渠道越窄，财务费用越大。

3. 银行对很多企业缺少融资筹划，在整个融资盘子中，全部提供流动贷款和长期贷款，没有根据企业实际经营用途、企业资产结构，合理搭配适度表外授信品种，搭配一定结算产品，会导致"企业贷款找本行，结算存款在他行"的不利局面。银行应该帮助客户合理设计金融服务方案。

在营销上，要学会抓客户、抓结算、抓产品营销，学会经营客户。通过抓客户来争取中间业务收入，而不是简单的信贷投放。

## 【风险提示】

1. 贷款占用时间过长，财务费用过大，一定会反噬企业的正常利润，影响企业的经营，严重动摇企业的长期稳健。

2. 分析企业全部资金来源中权益资金和负债资金的比例关系，资本结构的不合理会导致企业大量贷款，使财务负担沉重，偿付能力严重不足，造成资金流动性不足。

【客户示范】

财务费用负担重的企业基本都是贷款金额巨大、企业产品利润极薄、竞争能力极弱的企业。

1. 部分煤炭行业的国有企业，技术落后，人员较多，由于煤炭价格下行，债务问题沉重。

2. 高负债水平导致建筑企业财务费用负担沉重，又因为有大量应收账款，所以企业经营困难。对这些企业应避免提供流动资金贷款，而应选择某块优质应收账款，提供保理融资。

3. 公路经营企业往往长期贷款金额巨大付息成本压力极大，且主要收费经营权都会被质押，需要通过资产证券化融资降低成本。

4. 对于铁路经营企业宜采取发债融资降低成本。

5. 地方政府往往对地铁公司这类项目支持力度巨大，且这类贷款期限多数长达20年以上，宜采取发债结合项目贷款方式降低融资成本。

6. 地方投资类平台公司因参与地方政府融资平台基建建设投资，所以贷款金额巨大，财务费用负担较大，宜对其采取投行方式提供融资。

【营销建议】

1. 如果发现企业财务费用较高，已经严重影响企业利润，就应当帮助企业分析融资方式、融资产品是否正确，错误使用融资产品会导致企业财务费用居高不下。

例如，我们曾经发现一个施工企业的大量资金被占压在各类投标保证金、履约保证金上，企业需要从银行贷款补充流动资金。银行建议客户对所有交存保证金一律用保函替代，用置换回来的保证金归还贷款，降低财务费用。

银行只有帮助企业堵住每个细小"出血点"，才会使企业逐步恢复肌体健康。

2. 通过内源融资降低对外部融资负债。

对于制造类企业，通过银行提供的现金管理工具，帮助企业从下游客户提前收回货款，或者采取制造类企业提供增信的情况，对下游提供融资，以实现提前收款，对上游企业通过适度反向保理延长账期，将现金滞留在本公司，形成内源性融资，降低对外部融资依赖。

如果能通过现金管理工具获得资金，就应尽量避免采取贷款方式获得资金。

例如，我们为某水泥集团建立票据池，集团成员单位通过共享票据池额度，来减少对外融资的依赖，降低集团整体融资成本。

3. 通过以票换贷，使用正确金融工具降低成本。

不同融资工具的成本效果差距巨大，银行承兑汇票的成本远远低于流动资金贷款，而商业承兑汇票融资成本又低于银行承兑汇票。比如，部分水泥企业、家电经销企业、超市公司的行业利润率极低。由于其所处行业属于实体行业，在总授信盘子中，通过适度搭配流动资金贷款和银行承兑汇票，既可使企业获得银行承兑汇票的低成本便利，又使企业享受流动资金贷款的灵活性。

4. 整体方案是降低单纯贷款成本。

对大型企业应当提供综合授信方案，通过采取套餐方式，要求企业将代发工资、基本账户结算等都放在银行。只要银行账算得过来，就会不再采取单纯贷款定价，而是采取综合报价并降低贷款成本。这种方式对涉及员工多、结算量较大的地铁项目、铁路项目、地方重点基础建设项目，比如地方公路、地方桥梁等行业适用。

## 【案例】

### ××集团综合金融服务方案

××集团是国内水泥制造行业的龙头，注册资本30亿元，销售收入达到100亿元。其上游为石灰石供应商，下游为水泥经销商。

银行认为，合理提供融资组合方案能够帮助企业将资产负债率降低至合理水平。银行建议该公司开展内源性融资，对上游客户整理应付账款，由银行核定应付账款反向保理额度，对下游经销商提供回购担保额度，对经销商提供融资，帮助核心企业尽早收回合同款，无疑，通过这种方式能够降低公司对单纯项目贷款、固定资产贷款的依赖。

【点评】

必须懂得对金融工具的组合运用，只有通过组合，才能在满足客户需求的同时，使银行有效实现交叉销售，提高与客户的合作黏性。这既能使客户降低成本，又能使银行不亏钱。

# 第二十六课 现金流量表是能否提供贷款的关键

> 提供贷款的关键是依托现金流量表分析企业经营质量，而非依托资产负债表。决定能否提供贷款的关键指标是现金流量，而非有多少担保资产。

## 【科目概念】

现金流量表是以现金为基础编制的，用于反映企业在一定会计期间现金和现金等价物流入和流出情况的会计报表。

## 【指标分析】

对于银行而言，最有价值的分析是现金流量分析。企业靠现金流来偿还贷款，而不是依靠固定资产。决策银行能否提供贷款的关键决策因素应当是企业的经营活动现金流，而非抵押担保物。

（一）经营活动产生的现金流量等于零

这意味着企业通过正常的商品购、产、销所带来的现金流入量刚刚能够支付因上述经营活动的货币流出。在企业经营活动产生的现金流量等于零时，企业经营活动现金流量处于"收支平衡"的状态。企业正常经营活动不需要额外补充流动资金，企业的经营活动也不能为企业的投资活动以及融资活动贡献现金。

（二）经营活动产生现金流量大于零

这意味着企业通过正常商品购、产、销所带来的现金流入量不但能够支付因经营活动而引起的货币流出、补偿全部当期的非现金消耗性成本，而且还有余力为企业的投资等活动提供现金流量支持。

企业经营活动产生的现金流量已经处于良好运转状态。如果这种状态持续，则企业经营活动产生的现金流量将对企业经营活动的稳定与发展、企业投资规模的扩大起到重要的促进作用，使企业开始走向正轨。

【风险提示】

没有利润是难受的，没有现金流则是致命的。主营业务经营活动现金流是企业的基本盘，必须呵护，绝不可挪用；投资活动现金流依靠融资活动现金流，并能够形成自我良性循环。

【客户示范】

1. 现金流量较大的公司多属于经销商、流通类客户，如煤炭经销商、家电经销商、日用品经销商、石油经销商、优质的平台商户等。

2. 大型事业类客户有较多货币资金，如学校、医院、海事局、电力局、水务局、质检机构等。

3. 大型制造行业中的排头兵，具备极强竞争力，无不是现金流之王。

4. 大型互联网平台类客户、商户多，流水量巨大。

5. 大型教育类客户都是现金流大户。

【营销建议】

1. 立足于了解企业，了解企业结算模式，精通产业链，帮助企业提升资金管理水平，应该通过结算产品、信贷产品帮助企业恢复经营性造血现金流，而不是一味地采取输血。单纯输血方式提供贷款的风险大、收益低。

2. 在确保企业正常经营及项目建设所需资金和保证资金安全的前提下，提供结算产品、现金管理产品、大额存单产品。帮助客户管理资金，实现资金的收益最大化。有利于提高闲置资金利用效率和收益。

【案例】

## ××教育科技集团有限公司综合金融服务方案

××教育科技集团有限公司是综合性教育集团，也是教育培训集团。公司业务包括素质教育、国际教育、成人教育、智慧教育、图书文创、直播电商等多个业务板块。

银行通过提供结算产品，帮助企业收取学费；通过提供现金管理产品，帮助企业实现资金高效管理；通过提供大额存单产品，帮助企业提高资金收益。

【口诀】

经营活动现金流，

现金流入正好企业，

现金流入负差企业，

好企业垒厚现金流，

差企业损耗现金流。

【点评】

给客户创造价值。不光要了解"客户能给我们带来多少价值"，更要清楚"我们能为客户创造多少价值"。不仅要知道"我能为客户做什么"，更要关注"别的金融机构在为客户做什么"。必须提升自我，出门前先想一想，对这个客户，我能够提供什么样的有价值的服务，在客户做生意的过程中，我能够帮助他什么。

成就客户，客户就永远不会离开你。郭嘉成就了曹操，诸葛亮成就了刘备，周瑜成就了孙权。我们要想一想，我们能够成就哪些客户。

永远都把客户的生意当成自己的事业！我们是客户的代言人，我们代表客户向银行争取利益。如果实在不能让步了，我们也要让客户清晰地意识到：我们个人并不功利，在遵守游戏规则的前提下，在我们可以腾挪的极限边界内，已经竭尽所能地为客户争取利益。

# 第二十七课　向主业经营活动
## 现金流较大客户提供长期贷款

没有利润是难受的，但无关生死；

没有现金流则是致命的，会油尽灯枯。

【科目概念】

经营活动现金流量是指企业投资活动和筹资活动之外的所有交易事项产生的现金流，是企业现金的主要来源。经营活动主要包含销售产品、提供劳务公司、购买商品、接纳劳务公司、付款等。

【指标分析】

经营活动现金流量比较大，往往伴随以下两个关键指标。

1. 企业产品一定畅销，销售额巨大，而且销售收入质量极高，现款现结，销售的对象比较分散，企业对下游处于优势地位。

2. 企业有大额的预收账款，通过预收客户的资金，形成自身庞大的经营现金流。

【风险提示】

企业不要怕亏损，如果企业的经营活动现金流非常好，只是有经营性亏损，不会有太多损失。

【客户示范】

1. 经营活动现金流强大的公司往往是品牌突出、产品质量较佳、企业管理得法、市场战略极优的公司，如手机中的苹果公司，钢铁行业中的宝武钢铁公司，汽车行业中的宝马汽车、奔驰汽车、一汽汽车。这些客户是银行营销供应链融资的重点对象。

2. 石油、电网、煤炭、稀土等行业的国有企业背景基础能源类公司往往经营性现金流极强，如中国石油集团、国家电网公司、国家能源集团。

这些客户本部资金极为充沛，贷款需求量不大，通常其下属公司存在信贷、票据产品营销机会。

3. 垄断经营企业往往现金流极强，如烟草公司、盐业公司、三甲医疗集团等。这些垄断公司是银行提供现金管理产品的王牌客户。

**【营销建议】**

1. 主业经营现金流是银行能否提供贷款的核心判断指标，用于对短期主业经营活动现金流稳健的客户提供短期贷款，如粮食贸易商、石油贸易商、汽车贸易商等。对长期主业经营现金流较大且稳定的客户，可以积极提供中长期贷款，例如，高速公路公司、水处理公司都符合这个特点，收费稳定，现金流可以覆盖贷款本息。

2. 在提供短期、长期贷款之外，一定要积极为企业提供现金管理和服务，帮助企业更好地管理资金，提升收益率。银行应避免提供大额存款等简单理财，应当帮助企业管理好资金。只有管理好零星现金流，才是真正高水平现金管理。

3. 真正的现金管理能力并不是考验银行对闲置大额资金的运作能力，而是考验对短、频、小资金的管理能力，这才是能力的表现。

例如，各家银行为竞争各地财政 10 亿元、20 亿元的闲置资金，必然会投标拼价格，这就需要比哪家银行利率高。

生产型企业的资金进出频繁，沉淀资金比较零散，看似闲置金额不大，但流量比较大，既能对这类资金提供相对可观稳定的收益，又能保证日常经营需要的现金管理产品，这才是真正现金管理能力的比拼。

银行必须要求客户经理能帮助企业计算资金流动性，合理搭配选择各类产品。就如同作为一名旅游顾问，根据客户的假期时间、旅游爱好，设计合理的居、行、餐等方案。

**【案例】**

## ××集团一体化资金管理

××集团持续加强资本结构管理，推动公司整体资产负债率保持长期稳定健康。集团资产负债率维持在 30% 以下，对外始终保持零带息负债。实行融资权限集中管理，通过内部资金融通，解决部分下属单位资金缺口，并综合运用内部产业链金融产品降低资金成本。

针对该集团下属单位个性化需求，银行创新推出科技贷、新基建贷等各类特色信贷产品，精简优化贷款流程，执行更优惠的贷款利率，有力支撑公司战略的实施。

银行综合提供如下服务：

1. 持续强化资金统筹管理，实现资金高度集中。依托"财务公司资金池＋银行归集通道"打造子公司资金集中管理两大支柱，逐年更新管理政策，推动下属单位加强资金集中。同时，依托资金计划预测优化集中资金备付率策略，提升资金收益。

2. 积极推进境外集中管理、资金一体化管理。要求单位内部加强资金集中管理，营收资金 T＋1 日归集，资金集中存放核心合作银行。将司库系统延伸到境外单位，实现境外单位关键资金管理环节的线上化监管。建立跨境人民币资金通道，为公司内外资金统一管理、余缺调剂奠定坚实基础。

**【点评】**

用产品去维护客户，而非用关系去维护客户。通过了解客户，办理最贴身的业务，为客户创造价值的方式维护客户，则合作关系持久，银行价值彰显；纯粹通过感情的维系，用喝酒拉关系的合作不会持久。

通过我们的服务和业务，与客户形成水乳交融的关系，建立对彼此的依赖，会使合作天长地久。

# 第二十八课　根据投资活动现金流对固定资产贷款及项目融资进行决策

> 投资活动现金流质量的高低直接决定银行是否提供固定资产贷款及项目融资。不投资未来就肯定不会有未来；胡乱投资未来，会把现在也搅黄。

## 【科目概念】

投资活动现金流量是指企业长期（通常指一年以上）资产购建及其处置产生的现金流量，包括购建固定资产、长期投资现金流量和处置长期资产现金流量，并按其性质分项列示。

## 【指标分析】

投资活动现金流出应当与企业的资金头寸管理、企业的经营相匹配，防止与自身实力不匹配的过大投入。

投资活动应当是企业长期发展的基石，所有的投资活动都必须围绕主业开展，并在远期贡献经营活动现金流。

## 【风险提示】

1. 对于项目长期闲置、投资活动现金流缺口巨大的企业要谨慎。始终不见效益的长期投资会成为企业的出血口，对这样的项目还叠加贷款，无疑是火中取栗。

这就像不要轻易去投资烂尾楼，已经长期停工的项目一定有不为人知的原因，通常里面的坑极多。对其追加贷款通常是"肉包子打狗，有去无回"。

2. 严禁企业挪用经营活动现金流进行长期固定资产投资。桥归桥，路归路，打酱油的钱不能用于买醋。

3. 严防"小马拉大车"的投入。如果企业本身实力不济，那么就要慎重进行大规模投资活动，尤其是抽取经营活动现金流进行投资。普通民营企业投资商业银行股权、投资足球项目、投资文化娱乐项目，结果通常是"捡了芝麻，丢了西瓜"。

**【客户示范】**

1. 房地产总部往往投资活动现金流需求量大，需要不断买地投入。对于品牌突出的大型中央企业房地产公司值得深度营销。

2. 中央企业、国有企业投资型总部投资活动现金流需求量大，尤其是电力、煤炭、石油、水利、电网、铁塔等企业集团。针对这些总部，银行可以开展总对总营销，配合总部的投资，对各地电厂项目提供固定资产贷款。

3. 新设立的工厂、制造型企业往往投资活动现金流出量较大，这类企业需要银行进一步地融资去支持其扩大生产。

**【营销建议】**

1. 对银行看中的比较有发展潜力、产品有市场、管理得当的企业，银行可以提供固定资产贷款，以满足企业长期投资需要。

2. 对银行看中的公路、桥梁、电力等稳定现金流项目，在评估股东背景的基础上，银行提供项目融资，以满足企业项目投资需要。

通常良好的股东背景可以确保项目的长远前景被看好，如五大发电集团投资的主业相关的电厂、国家铁路集团投资经营的铁路项目。

3. 股东实力不济，往往在后续出资能力不足，无法协调各类资源，很容易挪用项目资金，导致项目未成功就夭折。

例如，××公司在各地建设超市，由公司与地方政府合资，地方政府采取土地入股，由公司派出管理团队经营。公司采取土地抵押获得贷款，兜兜转转后贷款全部进入公司实际控制人口袋，产生严重风险。

**【案例】**

### ××有限公司项目融资

××有限公司作为国内规模领先的汽车上市公司，努力把握产业发展趋势，加快创新转型，正在从传统的制造型企业，转向为消费者提供移动出行服务与产品，年营业收入为 7440.63 亿元，公司准备投资电动汽车电池项目。

　　银行发现，该公司投资项目经济效益较好，于是提供项目融资 20 亿元。

【点评】

　　不要单纯销售标准化的银行产品，而应当去设计授信方案，准确地说出授信的风险点、授信的利益点。透彻了解企业，在确定可以做和值得做的基础上，再去做。

　　客户经理在撰写授信报告时，客观清晰地介绍项目的风险点，更容易取得信贷审批人员的信任。这个世界没有风险的项目不存在，写清楚如何管理控制风险就行。有风险并不可怕，怕的是我们对风险无知，盲目勇敢。

# 第二十九课　如何从筹资活动现金流中发现营销机会

> 融资活动经营现金流的流入应当去弥补企业经营活动现金流的缺口，用借款去服务主业。

## 【科目概念】

筹资活动现金流量是指企业经营过程中所产生的与筹资活动相关的现金流入和现金流出的差额。它是企业资本及债务的规模和构成发生变化的活动所产生的现金流量。筹资就是资金筹集，筹资活动是通过一定渠道、采取适当方式筹措资金的财务活动。

## 【指标分析】

融资活动经营现金流流入应当去弥补企业经营活动现金流的缺口。

因为企业扩大规模，自身经营活动产生现金流不足以完全支付购买原材料等需求，此时通过融资活动现金流补充，帮助提升企业采购能力，能进一步扩大企业的经营规模。未来，这笔融资活动现金流可以依靠经营活动现金流归还。

图 29 – 1　指标分析

**【风险提示】**

1. 严防以筹资活动经营现金流对应投资活动的现金流。通常融资活动现金流入是短期，投资活动的现金流是长期，会形成巨大的错配风险。

企业产生了严重风险，无不是挪用经营活动现金流进行长期投资的结果，例如，将用于补充主业的银行贷款、售楼资金、延期支付供应商的资金，投入银行股权、新能源汽车及足球等。

民营公司最怕老板有情怀，辛辛苦苦地赚了点钱，开始儿时的梦想，想做自己情怀的事情，搞体育、搞农业。没有负数概念，加杠杆，不但原本赚的赔回去，还会有一堆欠账，银行对这类客户提供贷款，基本都是有去无回。

2. 如果长期筹资活动现金流对应长期项目，如 20 年期项目贷款对应大型公路建设、水电站建设，对应这类投资的期限匹配往往风险可控，尤其是在大型中央企业、大型国有企业操作的情况下，可以对其进行支持。

**【客户示范】**

1. 新设立的制造类公司往往筹资活动现金流需求旺盛，可以对其积极营销流动资金贷款、银行承兑汇票等。

2. 新设立的房地产项目公司筹资活动现金流需求较为旺盛，迫切需要开发贷款启动项目。

银行应当盯住本地工商主管部门网站，了解新企业注册信息，把握营销时机。

**【营销建议】**

1. 主业不振、没有经营活动现金流的企业日常维持基本靠融资活动的现金流，这类企业在拆东墙补西墙中过日子，风险非常大。

曾经的 MT 系、HH 系、LF 系企业都是如此，总部将下属公司作为融资工具，只要是贷款，无论金额大小，无论期限长短，就是一个字"借"，其实，这类公司本身已经不再是企业，而是一家金融机构，在玩庞氏骗局了。

2. 如果股东实力较强，企业主业突出，经营活动现金流虽小但很真实，那么说明企业很扎实。这类企业本身经营规模不大，但明显有增长潜力，对这类企业可以适度地增加融资，通过供应融资现金流来支持企业进一步发展。

3. 投资活动现金流与经营活动现金流必须捆绑营销。如果发现企业经营活动现金流非常好，提供筹资活动现金流后，应要求企业修改日常收款账户，修改增值税发票的开户银行，将日常结算放在银行。

通过控制结算流水，一方面有利于银行监控风险，另一方面可以密切银企合作关系，找到交叉销售的机会。

4. 银行一定要避免就贷款论贷款，对客户投放单一贷款，没有交叉销售结算、代发工资、理财等其他产品。好的授信方案绝不是单一信贷资源供给，供应方应当考虑组合方案，以信贷资源为抓手，组合结算、托管、代发薪酬等。

**【案例】**

## ××市轨道交通综合融资方案

××市轨道交通 4 号线工程线路全长 44.58 公里，地下段长 25.05 公里，高架段长 19.53 公里。本工程设车站 12 座（含预留车站 1 座），其中高架站 5 座，地下站 7 座，平均站间距 3.89 公里，预留车站本期按区间运行处理。投资额约为 205000 万元。

银行帮助企业重新梳理正确融资品种——项目贷款 30 亿元 30 年，并配比商业承兑汇票、保函、信用证等，避免单一贷款导致企业成本太高的弊端，同时，提高银行收益。

银行要求地铁项目的农民工工资代发在银行，以提升零售业务收入。

**【点评】**

授信是站在银行的角度，要求企业尽可能提供安全的担保，在找风险抓手的同时满足银行的利益。用信是站在企业的角度，要求银行提供的产品尽可能满足企业的需要，符合企业的经营特点。否则，可能授信容易，用信较难。

对大企业，授而不乐用，比比皆是。

对小企业，授而不能用，两者皆输。

我们和客户首先是"商业伙伴"，其次才是"江湖兄弟"。如果你的贷款批不下来，你的银行承兑汇票办不了，就算你喝得东倒西歪，也只是一个人的狂欢，酒杯里的兄弟立即就没了。

155

# 第三十课　如何通过各类比率指标判断
营销对应银行产品

> 企业的综合竞争能力体现在产品品质好、供应链强、管控得力及资金流顺畅四个方面。

通过一些关键的财务指标评价，可以判断企业是否具备强大的综合竞争力，一个企业在市场上只有具备竞争力才能够生存下去。一个长期没有竞争力的企业无法生存。

财务指标的综合分析是判断企业是否具备强大竞争力的手段。

盈利能力差的企业一定是竞争力弱的企业；有较强盈利能力的企业一定是竞争力强大的企业。

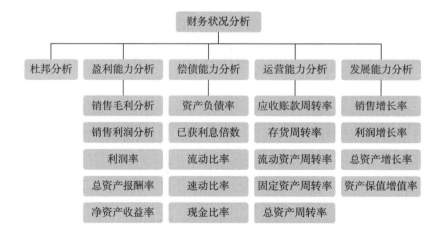

**图 30 - 1　财务状况分析**

## 一、获利能力比率

### （一）资产报酬率

资产报酬率也叫投资盈利率，指企业资产总额中平均每百元所能获得的纯利润，它是用来衡量公司运用所有投资资源所获经营成效的指标，资产报酬率越高，表明公司越善于运用资产；反之，表明公司资产利用效果越差。

一个企业资产是否为有效资产主要看资产报酬率指标。

资产报酬率计算公式：资产报酬率 ＝（税后盈利/平均资产总额）× 100%，平均资产总额 ＝（期初资产总额＋期末资产总额）÷2。

例如，假定某公司期初资产总额为 2850 万元，期末资产总额为 3300 万元，则其平均资产总额为（2850＋3300）÷2＝3075（万元），其资产报酬率为 96÷3075＝3.12%，它表明该公司每投入 100 元资金，获得收益 3.12 元。

**【营销思路】**

企业资产报酬率高，适合提供综合授信，尤其是一年期综合授信。综合授信品种包括流动资金贷款、银行承兑汇票、保函、信用证等。

信贷资源加入企业后，会形成新的资产，只有资产报酬率高，才是理想的商业模式，企业才能不断创造财富，才能归还银行贷款。

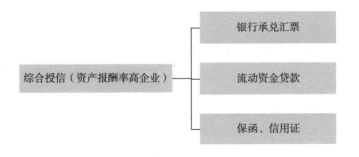

图 30－2　综合授信品种

【口诀】

> 资产报酬很重要，
> 看重资产才融资，
> 正常盈利好企业，
> 归还贷款有保证。

（二）资本报酬率

资本报酬率即税后盈利与资本总额的比率，也叫净收入比率，是企业资本总额中平均每百元所能获得的纯利润。它是用于衡量公司运用所有资本所获经营成效的指标。资本报酬率越高，表明公司资本的利用效率越高；反之，则表明资本未能得到充分利用。

资本报酬率表明企业是否具备强大的竞争力，是否为股东创造价值。

资本报酬率计算公式：资本报酬率 ＝（税后利润/资本总额）×100％
＝（净收益/股东权益）×100％。

【营销思路】

好公司一定是资本报酬率极高的公司，而且是要有现金流支撑的高资本报酬率；差公司一定是资本报酬率比较低的公司，没有任何现金流。

只有对资本报酬率高的公司，银行才可以提供并购贷款、股权融资、长期贷款、长期发债等业务。只有资本报酬率高的公司才能承担各类股权融资、长期贷款等成本；资本报酬率低的公司往往会慢慢被市场边缘化。没有市场定价权的企业会逐渐被淘汰，这类企业越融越亏。

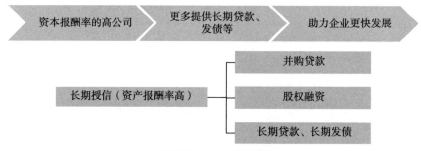

图30-3　长期授信与资本报酬率高的公司

**【口诀】**

> 资本报酬属股东，
> 股东看重多支持，
> 银行投行放贷款，
> 银企双方图长远。

## 二、偿债能力比率

公司偿债能力包括短期偿债能力和长期偿债能力。反映公司短期偿债能力，即将资产转变为现金用于偿还短期债务能力的比率主要有流动比率、速动比率及流动资产构成比率等。反映公司长期偿债能力即偿还长期债务能力的比率主要有股东权益对负债比率、负债比率、举债经营比率、产权比率及固定资产对长期负债比率等。

（一）流动比率也称营运资金比率，是衡量公司短期偿债能力最通用的指标

流动比率计算公式：流动比率 = 流动资产/流动负债。这一比率越大，表明公司短期偿债能力越强，表明公司有充足的营运资金；反之，则说明公司的短期偿债能力不强，营运资金不充足。一般财务健全的公司其流动资产应远高于流动负债，起码比例不得低于1:1，一般认为比例大于2:1较为合适。

如果将流动比率与营运资金结合起来分析，有助于观察公司未来的偿债能力。

流动比率较高的企业无疑为归还各类授信提供坚实的保证。

**【营销思路】**

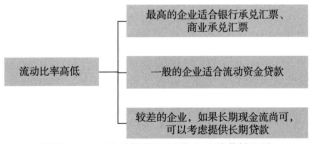

**图30-4　对流动比率不同的企业的营销思路**

【口诀】

> 流动比率算偿债，
> 比值较高用票据，
> 比值一般用贷款，
> 比值较差多评估。

（二）速动比率是用于衡量公司到期清算能力的指标

速动比率计算公式：速动比率＝速动资产/流动负债。投资者通过分析速动比率，可以测知公司在极短时间内取得现金偿还短期债务的能力。

速动比率最低限为 0.5:1，如果保持在 1:1，则流动负债的安全性较有保障。这是因为，当此比率达到 1:1 时，即使公司资金周转发生困难，也不致影响即时的偿债能力。

大部分速动比率极高的公司，如各类经销商都适合提供银行承兑汇票、国内信用证等短期表外工具。

这些企业可以实现签发银行承兑汇票，提前回款填满银行承兑汇票敞口，通过多次循环签发，可以给银行带来极为可观的存款。同时，企业高倍数地使用银行授信工具，也可以获得放大杠杆的效果。因此，这是双方共同得利的举措。

速动比率极佳 ➡ 适合银行承兑汇票

图 30 - 5　速动比率极佳的企业适合银行承兑汇票

【口诀】

> 速动比率就是好，
> 营销票据不可少，
> 签发银票期限长，
> 回款提前锁敞口，
> 银行存款真不少，
> 银企双方都获益。

（三）举债经营比率

这一比率表明在公司的资产总额中债权人的投资额是多少，其计算公式为：举债经营比率＝负债总额/总资产净额×100%。在上面公式中，负债总额即债权人权益，总资产净额则是全部资产总额扣除累计折旧后的净额。例如，A 公司的负债为 1500 万元，总资产净额为 2200 万元，其举债经营比率为 68.18%，即每 100 元资产中，有 68.18 元是经举债取得的。

**【营销思路】**

贷款举债经营必须服务主业，只要偏离主业的负债都是错误的。如果偏离主业，通常都是在挣快钱。举债经营形成的资产必须是企业擅长经营的资产，必须是优质的资产，要能源源不断地贡献现金流。

不能没有评估企业的真实经营状况，没有评估企业的主业，就一味以抵押地担保作为评估放贷的依据而发放贷款。如果企业的主业非常强大，有极好前景，而举债又是为了进一步强化主业，这无疑需要我们极力支持。

**【口诀】**

> 举债经营要小心，
> 服务主业不可少，
> 谨慎判断有效益，
> 防止风险扩大化，
> 举债经营风险大，
> 银行贷款要慎重，
> 举债过多要回避，
> 不去雷池凑热闹。

## 三、成长能力比率

反映公司内部性的扩展经营能力的比率主要是利润留存率。其计算公式为：利润留存率＝（税后利润 − 应发股利）/税后利润，这一比率表明公司的税后利润（盈利）有多少用于发放股利，多少用于留存收益和扩展经营。其比率越高，表明公司越重视发展的后劲，不致因分发股利过多而影响公司未来的发展；比率越低，则表明公司经营不顺利，不得不动用更多的利润去弥补损失，或者分红太多，发展潜力有限。成长能力比率可用来测知公司扩展经营的能力。

在竞争激烈如此的时代，树欲静而风不止，不进则退，想停下来获得生存都是极为困难的事情。所以企业要不断向前冲，不断地给主业投入，强化主业，巩固主业。一个企业没有成长能力，就没有未来。没有成长能力，资本就不会进入，没有资本作为先锋，就不会有其他资源跟进。企业就像部队，必须有持续的资源补给，否则，很难在市场中冲锋。

**【营销思路】**

> 利润留存表态度，
> 股东支持前景好，
> 银行承贷更放心，
> 长期贷款有保证。

## 四、周转能力比率

**图 30－6　货币周转**

1. 计算周转率首先需要计算单次货币变成商品后商品再次变成货币的时间。

2. 周转率＝360 天/单次货币变成商品后商品再次变成货币的时间。

3. 周转率是指 1 年内货币可以转几次。

周转能力比率也称活动能力比率，是分析公司经营效应的指标，其分子通常为销售收入或销售成本，分母则由某一资产科目构成。

（一）应收账款周转率

应收账款周转率计算公式：应收账款周转率＝销售收入/（期初应收账款＋期末应收账款）×2＝销售收入/平均应收账款，由于应收账款是指未取得现金的销售收入，所以用这一比率可以测知公司应收账款金额是否合理及收款效率高低。

这一比率是应收账款每年的周转次数。如果用 1 年的天数即 365 除以应收账款周转率，便求出应收账款每周转一次需多少天，即应收账款转为现金平均所需要的时间。

应收账款周转率越高，每周转一次所需天数越短，表明公司收账越快，应收账款中包含旧账及无价的账项越小。反之，周转率太小，每周转一次所需天数太长，则表明公司应收账款的变现过于缓慢以及应收账款的管理缺乏效率。

**【营销思路】**

对企业，除了常规抵押担保措施外，必须锁定应收账款或应收商票，锁定其回款现金流，同时必须防范其挪用信贷资金风险。

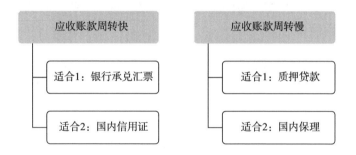

**图30-7　针对应收账款周转的不同营销思路**

**【口诀】**

> 应收账款管得好，
> 频繁周转不可少，
> 短期应收用银票，
> 长期应收做贷款。

（二）存货周转率

存货周转率计算公式：存货周转率 = 销售成本/（期初存货 + 期末存货）×2 = 销售成本/平均商品存货，存货的目的在于销售并实现利润，因而公司在存货与销货之间必须保持合理的比率。存货周转率是衡量公司销货能力强弱和存货是否过多或短缺的指标。该比率越高，说明存货周转速度越快，公司控制存货的能力越强，则利润率越大，营运资金投资于存货上的金额越小。反之，则表明存货过多，不仅使资金积压，影响资产的流动性，还增加仓储费用与加速产品损耗、过时。

**【营销思路】**

银行希望客户的经营资产流动起来，客户从买入资产到存货再到销售成为一个完整的链条。对企业的完整经营链条提供融资才是供应链融资。

银行授信方案设计切忌刻舟求剑，企业经营状态变化决定我们授信思路的变化。一个基本原则是"顺势而为，因客户而变"。在企业弱小时，我们要求严格的抵押、供应链融资、存货融资和保理；在企业成长后，我们可以提供担保类贷款；在企业成长为"巨人"后，准备收购时，我们可以提供并购贷款。谨慎而为仍是我们永远的主线。"平生谨慎，必不弄险"是我们的永远信条。

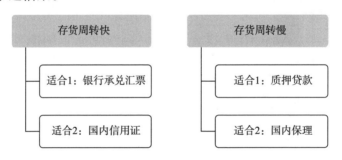

图30-8 针对存货周转的不同营销思路

**【口诀】**

存货周转速度快，
现金回流特旺盛，
适合银承与国证，
帮助企业采购快，
控制结算要慎重，
回流必须锁敞口。

### （三）固定资产周转率

固定资产周转率计算公式：固定资产周转率＝销售收入/平均固定资产金额，这一比率表示固定资产全年的周转次数，用于测知公司固定资产的利用效率。该比率越高，表明固定资产周转速度越快，固定资产的闲置越少；反之则相反。当然，这一比率也不是越高越好，太高则表明固定资产过度投资，会缩短固定资产的使用寿命。

固定资产必须高频使用，通过使用固定资产来不断创造经营现金流，如飞机大规模地载客、地铁公司大规模地运输、钢铁公司大规模地生产使用高炉等。

银行希望见到飞机在天上飞，越远越好；希望看见地铁满员，越挤越好；希望看见钢铁公司排队等货的车越多越好。越是这样的情形出现，就说明通常对航空公司、地铁公司、钢铁公司的贷款风险可控。因此，信贷调查必须以实地考察为主，结合企业的报表进行判断。

**【营销思路】**

资产周转率高的客户适合由银行提供固定资产贷款或项目融资。

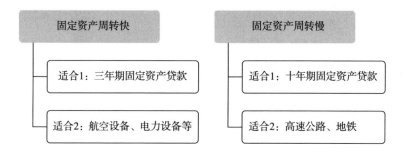

**图 30-9　针对固定资产周转的不同营销思路**

**【口诀】**

固定资产要使用，
服务主业才有效，
现金流从使用来，
银行固贷会放心。

（四）资产周转率

资产周转率计算公式：资产周转率＝销售收入/资产总额，这一比率是衡量公司总资产是否得到充分利用的指标。

总资产周转速度的快慢代表总资产利用效率的高低。

比率分析属于静态分析，难以分析动态方面的情况；比率分析使用的数据是历史性数据，对于未来预测并非绝对可靠；比率分析使用的数据为账面数值，难以反映物价水平的影响等。因此，在运用这一方法时，一是要注意将各种比率有机地联系起来进行全面分析，不可孤立地看某种或某类比率；二是要注意考察公司的经营状况，不能仅着眼于财务状况的分析；三是需要结合各种分析方法。只有这样才能对公司的历史、现状及将来有一个比较详尽的分析和了解。

**【营销思路】**

资产周转率高的客户适合由银行提供综合授信额度。

**【分析】**

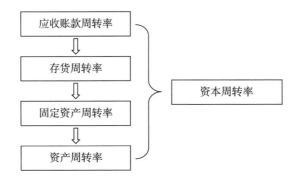

**图 30 - 10　周转率之间的关系**

企业应收账款周转率决定存货周转率；存货周转率决定固定资产周转率；固定资产周转率决定资产周转率。

例如，××石油集团这样的超级巨头，基本没有应收账款，则存货周转率就极高；存货周转率快说明企业所有固定资产都在使用，都在满负荷运转；固定资产周转率快，又说明资产周转率效率高，企业基本没有空闲资产。即便公司资产规模非常庞大，但仍在高速运转。

对于客户而言，授信仅是工具，生意才是目的，如果能够完成生意，至于具体选择哪种工具，只要成本不是太高、太烦琐，客户都会接受。营销的时候选择哪种工具，具体要看客户的生意模式。

# 附　　录

**供应链融资业务批量开发模式授信调查报告（优秀授信调查报告）**

申报分、支行：　　　　　　　　主、协办信贷员：

授信申请人：××电厂

保证人/抵（质）押物：

申请授信金额及种类：10亿元人民币

短期流动资金贷款、银行承兑汇票

## 一、核心企业（或平台）情况

### （一）基本情况

| 企业全称 | ××电厂 | | 归属集团 | | |
|---|---|---|---|---|---|
| 注册资本 | 1亿元 | 成立时间 | 信用等级 | | 法人代表 |
| 注册地址 | ××市××镇××北路××号 | | 首次授信时间 | 无 | |
| 机构信用代码 | | | 密码 | | |
| 主要股东 | ××集团全资子公司 | | | | |
| 主营业务：<br><br>　特许经营项目：火力发电。 | | | | | |

（二）经营情况

## 1. 调查要点

| 调查项目 | 情况描述 |
|---|---|
| 经营历史 | 1. 股东简介<br>××集团有限公司主要业务包括发电、煤炭、科工、金融四大产业板块，资产及业务主要分布在中国 31 个省（自治区、直辖市）及俄罗斯、印度尼西亚、柬埔寨、越南等"一带一路"共建国家。现有职工 9.3 万人，资产总额超 1 万亿元。发电装机超 2 亿千瓦，清洁能源装机占比达 48.35%；煤炭产业产能 5420 万吨/年；科工产业拥有国家级火力发电检测、分布式能源技术等多个科技创新平台。连续 11 年上榜《财富》世界 500 强。<br>2. 公司经营情况<br>××电厂是全露天式高温高压火力发电厂，是国内唯一的集水煤浆制备、储存、燃烧于一体的示范电厂。2 台循环流化床锅炉为哈尔滨锅炉厂有限责任公司引进德国××公司技术生产，是国家组织实施洁净煤技术示范的扩大项目。该炉型利用石灰石进行炉内脱硫，脱硫效率达 90% 以上。由于燃烧温度低，氮氧化物大大减少。采用四电场除尘器，除尘效率达 99% 以上，环保优势十分明显。汽轮机为××汽轮机厂有限责任公司生产的超高压、一次中间再热、双缸双排汽、抽凝式机组。<br>自机组投运以来，××电厂坚持科技进步，加强设备治理，在提高循环流化床机组安全稳定水平方面积累了许多成熟的经验，在全国循环流化床机组竞赛中荣获"优胜机组"称号，走在同类型机组的前列，成为利用洁净技术发电的绿色电力企业。 |
| 采购情况 | 公司根据季节性采购，主要是向一些煤炭经销公司采购煤炭，向一些大型的电力设备企业购买一些电力维修设备，以确保电厂的正常运营。 |
| 销售情况 | 1. 公司主要向当地的电网公司供货。<br>2. 采取直接供电的方式，向本地的大型国有铝企业、大型国有钢铁公司供货。 |
| 财务指标分析 | 该公司财务指标具有以下三个特点：<br>1. 应收账款量巨大，但是应收账款质量较佳。公司的应收账款周转率较快，期限在 3 个月。<br>2. 应付账款量较大，应付账款周转期都在 4 个月左右。<br>3. 应收账款与应付账款会形成一个月的资金时间差。<br>公司典型的特点：对电网弱势，对供应商处于强势。公司收入较大，但由于财务费用较大，故公司盈利状况一般。 |

续表

| 调查项目 | 情况描述 |
|---|---|
| 银行产品 | 1. 提供现金管理服务。<br>2. 提供银行承兑汇票、国内信用证、应收账款保理服务，形成综合的交叉销售方案。<br>3. 考虑到该公司员工数量增多，提供代发薪酬服务。<br>通过综合金融降低银行的整体报价，同时可以帮助企业降低融资成本，适度提高企业的利润率，实现双赢。 |
| 授信思路 | 控制该公司两端现金流：<br>1. 首先控制公司的回款现金流，确保银行授信的安全。要求公司将对两大国有企业的应收账款统一质押在银行，银行锁定客户的回款现金流。<br>2. 控制公司的付款现金流，采取银行承兑汇票、国内信用证方式锁定具体的收款对象，同时要求收款对象在银行办理封闭贴现、国内信用证议付，实现付款资金流的彻底封闭。 |

### 2. 上游客户情况

单位：万元

| 上游客户 | 供应产品 | 合作年限 | 结算方式 | 平均账期 | 区域 | 近三年交易额 | | |
|---|---|---|---|---|---|---|---|---|
| | | | | | | 前年 | 去年 | 今年 |
| 天津××公司 | 煤炭 | 3 年 | 网银 | 1～2 个月 | 天津 | 233 | 1600 | 5300 |
| 中××有限公司 | 煤炭 | 3 年 | 网银 | 1～2 个月 | 天津 | 28700 | 1700 | 5200 |
| 天津××公司 | 电力设备 | 2 年 | 网银 | 1～2 个月 | 天津 | | 234 | 1220 |
| 合计 | | | | | | 28933 | 3534 | 11720 |

### 3. 下游客户情况

单位：万元

| 下游客户 | 销售产品 | 合作年限 | 结算方式 | 平均账期 | 区域 | 近三年交易额 | | |
|---|---|---|---|---|---|---|---|---|
| | | | | | | 前年 | 去年 | 今年 |
| ××电网 | 电力 | 长期 | 支票、银行承兑汇票 | 3 个月 | 天津 | 9602.05 | 21051.51 | — |
| ××铝厂（直供） | 电力 | 长期 | 支票、银行承兑汇票 | 45 天 | 天津 | 3012.79 | 31001.13 | — |
| 青××铝厂（直供） | 电力 | 长期 | 支票、银行承兑汇票 | 45 天 | 天津 | 3867.77 | 24692.59 | — |
| 合计 | | | | | | 16482.61 | 76745.23 | — |

（三）财务情况

单位：万元

| | 项目 | 前二年 | 前一年 | 最近一年 | 当期 | 评论 |
|---|---|---|---|---|---|---|
| 资产、负债和所有者权益 | 总资产 | 27424 | 38594 | 61304 | | 资产规模快速增长，固定资产较少，主要资产集中在流动资产中，占总资产的92%，其中应收账款占总资产的59%。资产负债率为70%左右，在同行业中尚处于较高水平；银行借款较少，预收余额为1.7亿元，较往年有较大增加，主要原因是公司根据经营计划扩大销售规模；所有负债均为流动负债，整体资产情况良好。 |
| | 其中：货币资金 | 1600 | 986 | 530 | | |
| | 应收账款 | 12166 | 20188 | 36635 | | |
| | 预付账款 | 3939 | 10102 | 11416 | | |
| | 其他应收款 | 289 | 389 | 680 | | |
| | 存货 | 3562 | 1935 | 5112 | | |
| | 流动资产 | 21558 | 33902 | 56727 | | |
| | 长期投资 | 0 | 0 | 0 | | |
| | 固定资产 | 73 | 93 | 91 | | |
| | 总负债 | 21539 | 20675 | 43307 | | |
| | 其中：流动负债 | 21539 | 20675 | 43307 | | |
| | 短期借款 | 3000 | 0 | 7762 | | |
| | 长期借款 | 0 | 0 | 0 | | |
| | 应付票据 | 0 | 0 | 2000 | | |
| | 应付账款 | 734 | 520 | 6027 | | |
| | 预收账款 | 6684 | 8731 | 17753 | | |
| | 其他应付款 | 11425 | 9227 | 9226 | | |
| | 所有者权益 | 5885 | 17918 | 17996 | | |
| 盈利能力 | 销售收入 | 26996 | 64540 | 141051 | | 企业销售收入快速增长，根据企业经营计划，本年度仍保持100%以上增幅，成长性较好；企业利润受宏观经济影响较大，近年来出现波动；净利润较上年减少的主要原因是上年处置遗留房产营业外收入增加3046万元。 |
| | 销售成长率（%） | 56.71 | 139.07 | 118.55 | | |
| | 销售毛利润率(%) | 0.66 | 10.59 | 4.01 | | |
| | 营业利润率（%） | 1.73 | 9.19 | 3.24 | | |
| | 利润总额 | 174 | 7421 | 1353 | | |
| | 净利润 | 165 | 5561 | 1006 | | |
| 营运能力 | 应收账款周转天数 | 109.12 | 90.24 | 72.52 | | 应收账款周转天数逐渐下降，表现出企业应收账款周转能力加强；存货周转率不断加快，表现出企业销售能力较强；应付账款周转天数增加，说明企业对上游议价能力增强或付款管理能力增强。整体经营能力较好。 |
| | 存货周转天数 | 23.92 | 17.15 | 9.37 | | |
| | 应付账款周转天数 | 8.83 | 3.97 | 9.88 | | |
| | 一般经营循环周期 | | | | | |

续表

| 项目 | | 前二年 | 前一年 | 最近一年 | 当期 | 评论 |
|---|---|---|---|---|---|---|
| 现金流量 | 经营活动净现金流 | 1463 | 7752 | 4670 | | 公司整体经营规划是扩大销售，快速扩张市场规模，加之集团对公司资金支持力度加大，导致经营现金流为负数；总体现金流情况正常，根据企业经营计划，本年度将有100%以上增幅，本年度现金情况预期较好。 |
| | 投资活动净现金流 | −55 | 4533 | −19 | | |
| | 筹资活动净现金流 | −86 | 2605 | 4234 | | |
| 偿债能力 | 流动比 | 1.00 | 1.64 | 1.31 | | 资产流动性较好，资产负债率尚可，在同行业内保持较好水平且负债中银行借款等刚性负债较少（7762万元，占比为18%），其他均被商业信用占用，其中预收账款占全部负债的41%，企业负债压力实际较小。 |
| | 速动比 | 1.55 | 1.19 | 1.19 | | |
| | 资产负债率（%） | 78.54 | 53.57 | 70.64 | | |
| | 利息保障倍数 | 1.27 | 9.18 | 2.25 | | |
| | 或有负债 | — | — | — | | |

（四）银行授信情况

单位：万元

| 授信银行名称 | 业务种类 | 额度金额 | 使用余额 | 贷款方式 | 贷款状态 | 信用记录情况 |
|---|---|---|---|---|---|---|
| ××银行××支行 | 银行承兑 | 10000 | 2000 | | 正常 | 正常 |
| ××银行天津分行 | 贷款 | 8000 | 8000 | | 正常 | 正常 |
| ××银行总行营业部 | 银行承兑 | 4000 | 4000 | | 正常 | 正常 |
| 合计 | | 22000 | 14000 | | | |

注：含银行已授信情况。

## 二、批量开发方案

（一）整体授信方案

单位：万元

| 受信人名称 | 授信金额 | 授信期限 | 出账品种 | 抵（质）押物 | 监管机构 | 担保人 |
|---|---|---|---|---|---|---|
| | | | | | | |
| | | | | | | |
| | | | | | | |
| 其他补充意见 | | | | | | |

本授信业务是以开发核心企业（申请人）上游供应商为目标的批量开发方案，申请人提供了上游合作供应商名单、基本情况表。经调查，申请人与上游供应商的合作方式为每年与供应商签订合同（框架协议），对全年交易量进行大致约定。具体业务中由申请人单笔向供应商发订单，供应商接单后代申请人向一级经销商或煤场进行采购，结算方式一般为全额预付；货物直接发往申请人指定地点，到货后申请人进行验收入库；供应商定期与申请人对账，一般结算周期为 3～4 个月不等。

从上述情况可以看到，供应商承受较大的垫付资金压力。经与申请人沟通，申请人可以就其与上游供应商交易业务所产生的应收账款出具"应收账款转让债务人确认通知书"，因此，本业务设计方案如下：

1. 给予申请人综合授信额度（交易融资额度）3 亿元整，申请人不得自用，全部额度用于批量开发上游煤炭供应商采购煤炭使用，供应商名单由申请人提供，业务品种为短期流动资金贷款、银行承兑汇票、国内信用证。

2. 批量审批供应商授信，额度分配按我行相关规定制定具体标准［详见（四）额度分配计划］。

3. 获批供应商与银行签订相关合同并在银行开立监管账户，要求与申请人交易合同约定结算账户为银行账户，提款需申请人出具"应收账款转让债务人确认通知书"，经办机构在人民银行登记系统进行应收账款质押登记。

4. 应收账款回款后经办机构应将回款转入银行对应保证金账户。

（二）具体操作流程

本业务是银行为上游供应商同申请人之间的应收账款提供的应收账款类交易链融资业务。业务具体操作流程如下：

1. 批量授信。给予申请人交易融资额度人民币 3 亿元整，用于批量开发上游煤炭供应商采购煤炭使用，供应商名单由申请人提供，业务品种为短期流动资金贷款、银行承兑汇票、国内信用证。

2. 供应商准入。银行对供应商进行资质审核并综合考虑申请人对供应商的内部评价，以及账期、信用额度、合作时间等因素确定其准入资格。通过银行准入标准的供应商，单独上报分行审批授信额度。

准入标准包括以下六点：

（1）借款主体为与申请人合作经销 1 年以上的煤炭经销商；经申请人审核认定并出具推荐函。

（2）持有人民银行核发贷款卡并通过年检，无不良信用记录。

（3）受信人及其股东方、实际控制人无不良嗜好，无刑事处罚记录和不良信用记录。

（4）公司成立两年（含两年）以上或实际控制人有从事与行业相关 5 年（含）以上的行业背景。

（5）年注册资金在 1000 万元（含）以下的交易商，首次授信不超过 3000 万元，续授信不超过 5000 万元；注册资金在 1000 万元以上的交易商，首次授信不超过 5000 万元，续授信不超过 1 亿元。

（6）单户授信额度核定标准。

单位：万元

| 净资产规模 | 或上年销售收入 | 授信敞口额度上限 |
| --- | --- | --- |
| 1000～2000（含） | 10000～20000（含） | 2000 |
| 2000～3000（含） | 20000～30000（含） | 3000 |
| 3000 以上 | 30000 以上 | 5000 |

3. 融资流程。

（1）银行授信审批通过的供应商，需与银行签订《综合授信合同》，合同需约定具体业务合同项下的货款必须回笼到供应商在银行开立的回款账户。

（2）供应商提款时需提供具体业务的基础商务合同，经办机构在人民银行登记系统进行应收账款质押登记。

（3）供应商与银行签订《借款合同》（对应流动资金贷款）或《开立银行承兑汇票协议》（对应银行承兑汇票）。

（4）申请人需签署应收账款转让确认书并送还回执，明确已知晓供应商对其的应收账款已转让给银行。

（5）流动资金贷款品种的融资资金划付至在银行监管账户中，受托支付给一级经销商或煤厂；银行承兑汇票收款人需为一级经销商或煤厂。

4. 回款流程。

（1）申请人按约定时间将应付账款与供应商进行结算，要求结算账户为授信供应商对申请人企业的唯一回款账户。

（2）划付至回款账户的结算资金，经办机构需进行转保证金操作，对应到期借款或票据，转保证金操作后可释放对应的单笔额度。

（3）供应商可在额度内循环使用。

5. 风险控制手段。

（1）准入的供应商为申请人所提供，合作方均为较为信任的企业。

（2）申请人签署应收账款转让确认书并送还回执，明确已知晓供应商对其的应收账款已转让给银行，保证应收账款转让的合规性。

（3）授信供应商与申请人交易合同约定结算账户为银行监管账户，银行监管使用资金。

（4）应收账款在人民银行登记系统进行质押登记。

（5）银行对合格应收账款的融资比例不超过 80%。

（三）额度测算依据

单位：万元

| 受信人名称 | 年销售收入 | 已授信额度 | 测算授信额度 | 可授信限额 |
|---|---|---|---|---|
| 1. | | | | |
| 2. | | | | |
| 3. | | | | |
| …… | | | | |
| 合计 | | | | |

额度测算参考以下公式：

授信额度≤核心企业最近一年度销售收入×（1+预计销售收入增长率）×（1－自有资金比例或保证金比例）/（360/应收账款周转次数）+核心企业最近一年度采购成本×（1+预计采购成本增长率）×（1－自有资金比例或保证金比例）/（360/应付账款周转次数），额度最高不超过企业净资产 4 倍。

由此可知：

额度最高不超过企业净资产 4 倍即 $17996 \times 4 = 71984$（万元）。

授信额度 $= 141051 \times （1 + 120\%）\times （1 - 30\%）/72 + 135397$
$\times （1 + 120\%）\times （1 - 30\%）/9 = 26177$（万元）。

综合考虑企业整体实力及抵（质）押物等情况，整体额度定为 3 亿元人民币较为合理。

（四）额度分配计划

单位：万元

| 批量开发客户 | 与核心企业合作规模 | 核心企业或专业平台推荐额度 | 平均应收账款和存货金额 | 申请额度 |
|---|---|---|---|---|
| 客户 1 | | | | |
| 客户 2 | | | | |
| 客户 3 | | | | |
| 客户 4 | | | | |
| 客户 5 | | | | |
| …… | | | | |
| 合计 | | | | |

（五）综合收益

单位：万元

| 受信人名称 | 授信额度 | 年业务量 | 年利息收入 | 中间业务收入 | 年结算量 |
|---|---|---|---|---|---|
| 1. ××公司 | | | | | 50000 |
| 2. ××公司 | | | | | 30000 |
| 3. | | | | | |
| 4. | | | | | |
| 5. | | | | | |
| 6. | | | | | |
| 7. | | | | | |
| 合计 | | | | | |

以目前申请人与上游供应商每 72 天周转 1 轮计算，每年可周转 5 轮；银行承兑汇票保证金以 30% 计算；银行承兑汇票手续费为万分之五；流动资金贷款基准上浮 20%。

### 三、批量客户具体情况

（一）客户1

| 调查事项 | 调查内容 | | | | | |
|---|---|---|---|---|---|---|
| 基本情况 | 企业名称 | 天津××贸易有限公司 | | 成立时间 | | |
| | 注册资本 | 2958 万元 | | 法人代表 | | |
| | 注册地址 | | | 组织机构号 | | |
| | 主营业务 | 销售煤炭、化工产品、日用百货、五金交电；信息咨询；市场调查；货物进出口；技术进出口；代理进出口 | | | | |
| 经营状况 | 主要产品 | 能源（煤炭为主）购销贸易 | | 年销售额 | 74582 万元 | |
| | 上游客户 | 1. 山西××煤集团 | | 合作年限 | | |
| | | 2. 山西××集团 | | 合作年限 | | |
| | | 3. 内蒙古××集团 | | 合作年限 | | |
| | | | | 合作年限 | | |
| | | | | 合作年限 | | |
| | 下游客户 | 1. | | 合作年限 | | |
| | | 2. | | 合作年限 | | |
| | | 3. | | 合作年限 | | |
| | | 4. | | 合作年限 | | |
| | | 5. | | 合作年限 | | |
| 财务分析 | | 年 | 年 | 年 | | 评论 |
| | 总资产 | 24245 | 20586 | 23217 | | |
| | 其中：货币资金 | 8484 | 4600 | 6718 | | |
| | 应收票据 | 3007 | 3988 | 0 | | |
| | 应收账款 | 1 | 1 | 1 | | |
| | 预付账款 | 6985 | 6829 | 10042 | | |
| | 存货 | 5460 | 4958 | 6284 | | |
| | 总负债 | 15148 | 10629 | 12780 | | |
| | 其中：短期借款 | 0 | 0 | 1000 | | |
| | 应付票据 | 10567 | 7704 | 9203 | | |
| | 预收账款 | 4389 | 2759 | 2389 | | |
| | 其他应付款 | 162 | 157 | 169 | | |
| | 所有者权益 | 9096 | 9957 | 10436 | | |
| | 销售收入 | 89329 | 82059 | 74852 | | |
| | 净利润 | 1431 | 860 | 479 | | |

续表

| 银行授信 | 授信银行名称 | | 授信种类 | 授信金额 | 使用余额 | 有效状态 |
|---|---|---|---|---|---|---|
| | 1. ××银行 | | 担保贷款 | 1000 | 1000 | 有效 |
| | 2. | | | | | |
| | …… | | | | | |

| 担保情况 | 已抵（质）押物（含动产、不动产、应收账款） | | | 对外担保情况 | |
|---|---|---|---|---|---|
| | 名称 | 价值 | 抵押（质）权人 | 被担保人名称 | 担保金额 |
| | | | | | 1000 万元 |
| | | | | | 1000 万元 |
| | | | | | 1000 万元 |
| | | | | 说明：××银行经销商四户联保贷款，每户 1000 万元。 | |

| 重大事项 | 经营 | 人事 | 质量 | 劳资 | 环保 | 诉讼 |
|---|---|---|---|---|---|---|
| | | | | | | |

| 授信方案 | 授信金额 | 授信期限 | 授信品种 | 押品 | |
|---|---|---|---|---|---|
| | 5000 | 1 年 | 应收账款质押 | | |

| 还款来源 | 第一还款来源 | 第二还款来源 |
|---|---|---|
| | 核心企业应收账款 | 公司经营所得 |

| 其他情况 | |
|---|---|
| | |

## （二）客户2

| 调查事项 | 调查内容 | | | |
|---|---|---|---|---|
| 基本情况 | 企业名称 | | 成立时间 | |
| | 注册资本 | | 法人代表 | |
| | 注册地址 | | 组织机构号 | |
| | 主营业务 | | | |
| 经营状况 | 主要产品 | | 年销售额 | |
| | 上游客户 | 1. | 合作年限 | |
| | | …… | 合作年限 | |
| | 下游客户 | 1. | 合作年限 | |
| | | …… | 合作年限 | |

续表

| 财务分析 | 总资产 | | 年 | 年 | 年 | 评 论 |
|---|---|---|---|---|---|---|
| | 其中：货币资金 | | | | | |
| | 　　　应收账款 | | | | | |
| | 　　　存货 | | | | | |
| | 　　　…… | | | | | |
| | 总负债 | | | | | |
| | 其中：短期借款 | | | | | |
| | 　　　应付票据 | | | | | |
| | 　　　…… | | | | | |
| | 所有者权益 | | | | | |
| | 销售收入 | | | | | |
| | 净利润 | | | | | |

| 银行授信 | 授信银行名称 | | 授信种类 | 授信金额 | 使用余额 | 有效状态 |
|---|---|---|---|---|---|---|
| | 1. | | | | | |
| | 2. | | | | | |
| | …… | | | | | |

| 担保情况 | 已抵（质）押物（含动产、不动产、应收账款） | | | 对外担保情况 | |
|---|---|---|---|---|---|
| | 名称 | 价值 | 抵押（质）权人 | 被担保人名称 | 担保金额 |
| | | | | | |
| | | | | | |

| 重大事项 | 经营 | 人事 | 质量 | 劳资 | 环保 | 诉讼 |
|---|---|---|---|---|---|---|
| | | | | | | |

| 授信方案 | 授信金额 | 授信期限 | 授信品种 | 押品 | …… |
|---|---|---|---|---|---|
| | | | | | |

| 还款来源 | 第一还款来源 | | 第二还款来源 | | …… |
|---|---|---|---|---|---|
| | | | | | |

| 其他情况 | 1. |
|---|---|
| | …… |

179

（三）客户 3

| 调查事项 | 调查内容 | | | | | |
|---|---|---|---|---|---|---|
| 基本情况 | 企业名称 | | | 成立时间 | | |
| | 注册资本 | | | 法人代表 | | |
| | 注册地址 | | | 组织机构号 | | |
| | 主营业务 | | | | | |
| 经营状况 | 主要产品 | | | 年销售额 | | |
| | 上游客户 | 1. | | 合作年限 | | |
| | | …… | | 合作年限 | | |
| | 下游客户 | 1. | | 合作年限 | | |
| | | …… | | 合作年限 | | |
| 财务分析 | 总资产 | | 年 | 年 | 年 | 评论 |
| | 其中：货币资金 | | | | | |
| | 应收账款 | | | | | |
| | 存货 | | | | | |
| | …… | | | | | |
| | 总负债 | | | | | |
| | 其中：短期借款 | | | | | |
| | 应付票据 | | | | | |
| | …… | | | | | |
| | 所有者权益 | | | | | |
| | 销售收入 | | | | | |
| | 净利润 | | | | | |
| 银行授信 | 授信银行名称 | | 授信种类 | 授信金额 | 使用余额 | 有效状态 |
| | 1. | | | | | |
| | 2. | | | | | |
| | …… | | | | | |
| 担保情况 | 已抵（质）押物（含动产、不动产、应收账款） | | | 对外担保情况 | | |
| | 名称 | 价值 | 抵押（质）权人 | 被担保人名称 | | 担保金额 |
| | | | | | | |

续表

| 重大事项 | 经营 | | 人事 | | 质量 | | 劳资 | | 环保 | | 诉讼 | |
|---|---|---|---|---|---|---|---|---|---|---|---|---|
| | | | | | | | | | | | | |
| 授信方案 | 授信金额 | | 授信期限 | | 授信品种 | | 押品 | | | …… | | |
| | | | | | | | | | | | | |
| 还款来源 | 第一还款来源 | | | 第二还款来源 | | | | …… | | | | |
| | | | | | | | | | | | | |
| 其他情况 | 1. | | | | | | | | | | | |
| | …… | | | | | | | | | | | |

（四）客户4

| 调查事项 | 调查内容 | | | | | | |
|---|---|---|---|---|---|---|---|
| 基本情况 | 企业名称 | | | | 成立时间 | | |
| | 注册资本 | | | | 法人代表 | | |
| | 注册地址 | | | | 组织机构号 | | |
| | 主营业务 | | | | | | |
| 经营状况 | 主要产品 | | | | 年销售额 | | |
| | 上游客户 | 1. | | | 合作年限 | | |
| | | …… | | | 合作年限 | | |
| | 下游客户 | 1. | | | 合作年限 | | |
| | | …… | | | 合作年限 | | |
| 财务分析 | 总资产 | | 年 | 年 | 年 | 评论 | |
| | 其中：货币资金 | | | | | | |
| | 　　　应收账款 | | | | | | |
| | 　　　存货 | | | | | | |
| | 　　　…… | | | | | | |
| | 总负债 | | | | | | |
| | 其中：短期借款 | | | | | | |
| | 　　　应付票据 | | | | | | |
| | 　　　…… | | | | | | |
| | 所有者权益 | | | | | | |
| | 销售收入 | | | | | | |
| | 净利润 | | | | | | |

续表

| 银行授信 | 授信银行名称 | 授信种类 | 授信金额 | 使用余额 | 有效状态 |
|---|---|---|---|---|---|
| | 1. | | | | |
| | 2. | | | | |
| | …… | | | | |

| 担保情况 | 已抵（质）押物（含动产、不动产、应收账款） | | | 对外担保情况 | |
|---|---|---|---|---|---|
| | 名称 | 价值 | 抵押（质）权人 | 被担保人名称 | 担保金额 |
| | | | | | |

| 重大事项 | 经营 | 人事 | 质量 | 劳资 | 环保 | 诉讼 |
|---|---|---|---|---|---|---|
| | | | | | | |

| 授信方案 | 授信金额 | 授信期限 | 授信品种 | 押品 | …… |
|---|---|---|---|---|---|
| | | | | | |

| 还款来源 | 第一还款来源 | 第二还款来源 | …… |
|---|---|---|---|
| | | | |

| 其他情况 | 1. |
|---|---|
| | …… |

## （五）客户 5

| 调查事项 | 调查内容 | | | |
|---|---|---|---|---|
| 基本情况 | 企业名称 | | 成立时间 | |
| | 注册资本 | | 法人代表 | |
| | 注册地址 | | 组织机构号 | |
| | 主营业务 | | | |
| 经营状况 | 主要产品 | | 年销售额 | |
| | 上游客户 | 1. | 合作年限 | |
| | | …… | 合作年限 | |
| | 下游客户 | 1. | 合作年限 | |
| | | …… | 合作年限 | |

续表

| 财务分析 | 总资产 | 年 | 年 | 年 | 评论 |
|---|---|---|---|---|---|
| | 其中：货币资金 | | | | |
| | 　　应收账款 | | | | |
| | 　　存货 | | | | |
| | 　　…… | | | | |
| | 总负债 | | | | |
| | 其中：短期借款 | | | | |
| | 　　应付票据 | | | | |
| | 　　…… | | | | |
| | 所有者权益 | | | | |
| | 销售收入 | | | | |
| | 净利润 | | | | |

| 银行授信 | 授信银行名称 | 授信种类 | 授信金额 | 使用余额 | 有效状态 |
|---|---|---|---|---|---|
| | 1. | | | | |
| | 2. | | | | |
| | …… | | | | |

| 担保情况 | 已抵（质）押物（含动产、不动产、应收账款） | | | 对外担保情况 | |
|---|---|---|---|---|---|
| | 名称 | 价值 | 抵押（质）权人 | 被担保人名称 | 担保金额 |
| | | | | | |
| | | | | | |

| 重大事项 | 经营 | 人事 | 质量 | 劳资 | 环保 | 诉讼 |
|---|---|---|---|---|---|---|
| | | | | | | |

| 授信方案 | 授信金额 | 授信期限 | 授信品种 | 押品 | …… |
|---|---|---|---|---|---|
| | | | | | |

| 还款来源 | 第一还款来源 | 第二还款来源 | …… |
|---|---|---|---|
| | | | |

| 其他情况 | 1. |
|---|---|
| | …… |

## 四、主要风险分析

| 主要风险 | 风险内容 | 防范措施 |
|---|---|---|
| 授信主体风险 | 授信主体为申请人推荐的上游供销商，作为产业链的一环，上游与生产厂商的议价能力不强，下游又受到用户的资金挤压，处于较为弱势地位，加之为资金密集型企业，资金链较为紧张。 | 作为授信主体的各经销商为申请人长年合作单位，由申请人推荐，银行制定准入标准，单户进行审核；应收账款进行质押，申请人债务确认，回款账户锁定；总体风险可控。 |
| 成本风险 | 受国际市场价格波动及国内供求关系的影响，主要煤炭价格不断上涨，增加了企业成本，利润空间受到挤压，同时企业缺乏上游议价能力，存在一定的风险。 | 就公司现行运营模式而言，因签订合同更多的为敞口合同，终端用户承担了原料价格上升的风险，影响不大。 |

## 五、结论

建议同意给予申请人交易融资授信额度 3 亿元，具体使用人为申请人推荐的上游供应商，各供应商使用授信报分行审批，品种为银行承兑汇票、银行保函、国内信用证。

授信项下各业务品种利率和费率按银行要求执行。具体业务操作按照银行相关文件规定和分行动产融资区域监管中心意见执行。

## 银行授信审批通知书

××支行：

你单位上报的××号授信申请（授信申请人名称：××电厂，授信申请人客户号：××，申请品种：综合授信，申请金额：500000000.00元人民币），已终审，终审意见为"同意"，具体内容如下：

| 授信品种 | 业务状态 | 授信金额 | 币种 | 期限 | 担保 | 敞口 |
|---|---|---|---|---|---|---|
| 综合授信 | 正常新增 | 500000000.00 | 人民币 | 12个月 | 保证金 | 敞口 |
| 综合授信额度分配情况 | | | | | | |
| 品种 | 金额 | 币种 | 期限 | 利率 | 手续费 | 保证金 | 循环 |
| 银行承兑汇票 | 500000000元 | 人民币 | 6个月 | — | 0 | 30 | 是 |

| 其他补充意见 | 经授信评审中心贷审会审议，同意给予××电厂交易融资框架性授信额度5亿元，授信期限一年，以××电厂对电网公司、两大国有铝企业的应收账款质押，质押率不超过80%，债务人须对应收账款进行确认并通过协议、确认函等方式约定回款直接入银行指定账户。<br>用款主体为申请人推荐的上游煤炭供应商、电力设备供应商。授信品种有三种。<br>1. 银行承兑汇票，保证金比例不低于30%，单笔业务提前2个月补足保证金。<br>2. 国内信用证，保证金比例不低于20%，单笔业务提前2个月补足保证金。<br>3. 流动资金贷款，利率执行LPR基础加50个基点。<br>对供应商（用款企业）的增信措施可在以下两种方案中选择使用：<br>（1）以用款企业对申请人的应收账款作质押担保，质押率不超过80%，申请人确认应收账款并通过协议、确认函等方式约定回款直接入银行指定账户；<br>（2）以协议方式约定供应商保证发货至银行指定仓库，承担发货至收货验收合格之间的阶段担保责任，申请人保证付款到供应商在银行指定唯一回款账户。 |
|---|---|
| | |
| | |

**【点评】**

　　该授信方案设计非常巧妙，××电厂为资金紧张单位，考虑到客户相对强势，如果单纯给其提供流动资金贷款或银行承兑汇票，收取的保证金比例较低，收益有限，授信效果不会太好。然而打开视野，××电厂上游为经销商，如果将煤炭经销商和××电厂视为一个统一资金需求集合体，对××电厂提供授信，但是具体用信单位为煤炭经销商，就可以有效打通这两个企业的交易链和资金链，形成关联营销。而更加巧妙的是，给煤炭经销商提供银行承兑汇票，以××电厂远期应付款来兑付煤炭经销商在银行签发的银行承兑汇票，既可以形成稳定、可观的大额存款，又可以借助××电厂的强大履约能力控制对钢铁经销商的授信风险。

附录2

## 银行公司业务信贷产品

| 一、票据类 | 二、保函类 | 三、信用证类 | 四、贷款类 | 五、承诺管理类 | 六、供应链融资类 |
|---|---|---|---|---|---|
| 敞口银行承兑汇票 | 投标保函 | 敞口国内信用证 | 流动资金贷款 | 固定资产贷款承诺函 | 明保理 |
| 全额保证金银行承兑汇票 | 履约保函 | 国内信用证买方押汇 | 项目贷款 | 流动资金贷款承诺函 | 暗保理 |
| 准全额保证金银行承兑汇票 | 预付款保函 | 国内信用证卖方押汇 | 股权质押贷款 | 贷款＋保理 | 反向保理 |
| 买方付息 | 质量保函 | 国内信用证议付 | 增发贷款 | 法人透支承诺 | 保理银行承兑汇票 |
| 代理贴现 | 预售资金监管保函 | 国内信用证福费廷 | 并购贷款 | 信贷证明 | 保兑仓 |
| 票据拆分 | 安全生产保函 | 国内信用证银行承兑汇票议付 | 商标权质押贷款 | 流动性支持承诺函 | 买方信贷 |
| 商票保贴 | 并购保函 | 进口信用证 | 固定资产贷款 | 意向性授信承诺 | 出口退税账户质押贷款 |
| 商票保押银票 | 后续出资保函 | 进口信用证押汇 | 特定贷款 | 集团授信承诺 | 新能源补贴质押贷款 |
| 票据池 | 租赁保函 | 出口信用证打包贷款 | 飞机融资 | 主动授信 | 投标定向贷款 |
| 银行承兑汇票错配 | 监管保函 | 出口信用证议付 | 房地产开发贷款 | 商票保兑承诺 | 政府购买贷款 |
| 银行承兑汇票提前填满敞口 | 项目投标保函 | 即期信用证 | 住房按揭贷款 | 资信证明 | 政府中标贷款 |
| 银行承兑汇票收益权融资 | 项目履约保函 | 远期信用证 | 委托贷款 | 财务顾问 | 海陆仓贷款 |
| 商业承兑汇票收益权融资 | 项目交付保函 | 信用证代付 | 见证贷款 | 现金管理 | 封闭动产质押贷款 |
| 银行承兑汇票质押贷款 | 海关关税保函 | 信用证票据 | 可续期贷款 | 资金池 | 设备按揭贷款 |

附录3

## 财务报表主要指标与银行产品营销对照表

### 资产负债表主要科目

| 科目 | 对应营销银行产品 |
|---|---|
| 货币资金 | 营销理财、大额存单，对集团客户提供现金管理 |
| 交易性金融资产 | 营销银行理财、大额存单 |
| 应收票据 | 营销银行承兑汇票贴现业务、票据池 |
| 应收账款 | 营销应收账款质押或应收账款保理 |
| 预付账款 | 营销未来货权质押融资、保兑仓 |
| 存货净额 | 营销存货质押融资业务 |
| 长期投资 | 营销并购贷款、股权质押贷款业务（上市公司股权、银行股权质押） |
| 固定资产 | 营销固定资产贷款（房地产抵押或厂房抵押） |
| 在建工程 | 营销在建工程抵押贷款 |
| 递延税项 | 营销银税担保业务 |
| 短期借款 | 如果短期借款金额过大，可以营销银行承兑汇票降低成本 |
| 应付票据 | 如果应付票据过大，可以营销国内信用证 |
| 应付账款 | 如果企业本身实力极强，可以营销反向保理业务 |
| 预收账款 | 可以将企业当作核心企业（卖方），营销保兑仓业务 |
| 应付工资 | 营销代发工资业务（针对贷款户重点营销） |
| 应交税金 | 可以营销银税担保业务 |
| 长期借款 | 营销长期固定资产贷款、项目贷款 |

### 现金流量表主要科目

| | |
|---|---|
| 销售商品、提供劳务收到的现金 | 可以营销现金管理、保兑仓 |
| 购买商品、接受劳务支付的现金 | 根据购买支付对象及交易期限确定采用贷款、银行承兑汇票、商业承兑汇票、国内信用证中的哪个工具。如为实体企业提供票据产品，如为工资劳务等提供贷款 |
| 收回投资收到的现金 | 营销大额存单、现金管理业务 |
| 处置固定资产、无形资产和其他长期资产收回现金 | 营销大额存单、现金管理业务 |
| 投资支付的现金 | 提供资金监管业务，防范资金被挪用 |
| 偿还债务支付的现金 | 营销新贷款，帮助企业调整债务结构 |

**损益表主要科目**

| 主营业务收入 | 可以根据主营业务收入决定银行贷款总额度，或者总授信额度 |
|---|---|
| 其他业务收入 | 如果其他业务收入占比较大，没有基本主营业务，要回避信贷 |
| 投资收益 | 投资收益太高客户要回避，没有主业 |
| 营业外收入 | 营业外收入太高的客户要回避，没有主业 |
| 销售费用 | 银行提供支付账户服务，帮助企业合理支付费用 |
| 管理费用 | 营销代发工资业务（贷款客户必须在本行代发工资） |
| 财务费用 | 如果企业财务费用支出较大，而且经营状况较好，帮助企业重新梳理适宜的融资品种，如贷款转为票据、信用证等，帮助企业降低财务费用 |

附录4

## 银行客户经理信贷业务十条忠告

［忠告一］劝说企业借款要"三适"

企业融资要适时而借、适度使用、适可而止。只有在有明确的用途、非借不可时才去借；融资不可过度，不可过于随意；使用资金要精打细算，谨小慎微；一旦资金周转过来，应当及时归还银行，绝不可长期占用。企业最大的风险是把一两次的成功当作企业的基本能力，认为自己无所不能，大肆借钱扩张，最终市场给他的教训就是从哪里挣来的，再归还到哪里去，甚至还要归还更多。

［忠告二］找配得上资金的企业

"企业必须配得上信贷资金"。"配得上"指的就是认知。很多企业不善于使用资金，给它的钱太多反而会成为"夺命刀"，企业不但没能用它创造财富，反而因此吞噬了原本创造的基础财富。真正拉开企业之间差距的，不是谁能借多少，也不是付出多少努力，而是对社会发展规律、国家产业政策、经济运行模式的认知水平。可以说，你赚到的每一分钱，都是你对这个世界认知的变现；而你亏损的每一分钱，也都是你认知的局限所导致的。要在能力范围内做事。

［忠告三］我们只相信主营业务收入

再大的营业外收入都是尘土，再小的主营业务都是黄金。

判断企业偿债能力的基本指标不是有多少收入，不是有多少账面资金，而是有多少自由现金流。

好企业一定是那些能坚守自己的主业城池。拒绝多元化外部诱惑、采取保守稳健方式的企业。这样的企业一定会基业长青。对于喜欢多元化，喜欢到处投资，不顾自身管理能力、管理边界的企业，银行一定要回避。

［忠告四］借款动机决定贷款是否安全

银行人必须有识别能力，基础交易的动机决定贷款是否安全，而不是贷款对应的抵押和担保是否足值。实实在在经营的企业，即便主业困难，只要信贷资金仍聚焦主业，就能等到云开雾散的那一天。投机取巧，一般都是搬起石头砸自己的脚。

新冠疫情过去，三大国有航空公司、部分民营航空公司快速盈利。企业避免多元化，聚焦主业，再长的寒冬也会过去。

[忠告五] 要把客户发展为用户

把银行的客户发展为银行的用户，这些用户高频使用银行的各类产品，用银行的结算产品发工资、收付款，用银行信贷类产品弥补资金的流动性缺口，用银行提供的现金管理，管理好每天的小额资金，用银行的账户产品及时完成账务核对。客户每天都在用银行的各类产品，每天都和银行发生高频往来，每天都与银行互动。

银行与客户的合作不能是偶发的一笔信贷、一笔大额存款合作。通过多触点、多时空合作，银行增强与用户的互动能力，合作产品越多，合作越会稳定。

[忠告六] 学习信贷要长期坚持

选择客户的方向不要变来变去，要在某个确定的行业拓展；产品均衡发展无短板，个别产品有明显的优势，客户一提到某个客户经理，就能反映出来他擅长什么，不能有认知模糊。银行产品门类众多，较为复杂。必须精通某一产品，例如，票据、供应链、保函、信用证，哪个产品都能养活你一辈子，关键是你是否下定决心深度学习。行业这么多，但每个行业都会有你的切入点，关键在于你是否去钻研这个行业的门道，是否有意识培养这个行业的人脉。

[忠告七] 做信贷一生都要谨慎

要记住，在年轻的时候想明白一些事，然后用一生去坚守，不要偏离方向。做信贷，要有自己的价值观，不要因为考核、短期的指标压力而迷失方向。谨慎地选择客户，精心地选择信贷产品，稳妥地实施合作。绝不越监管政策的雷池半步，只有一辈子的谨慎方可善始善终。

[忠告八]"融资＋融智"才是王道

银行最新颖的是"融资＋融智"咨询服务。融资赚辛苦钱，融智赚头脑的钱。

单纯需要融资的往往是中小企业，它们需要解决"活下去"的问题。大型企业需要的是"融资＋融智"，它们需要解决"活得漂亮"的问题。它们需要的不是简单贷款，而是整体金融、结构化融资方案，也不单单是解决借的问题，更多的是如何借划算、借多少合理、借多久合适，做到融、用、管一体。

必须领会大客户深层次融资、融智需要，简单贷款会被摒弃。

大企业以前的融资都是在资产负债表右侧上端位置——流动资金贷款栏目融资，现在变成资产负债表后侧下端位置——应付票据、应付账款、应付信用证栏目融资。融资联动损益表、现金流量表，浑然一体。

银行客户经理要往咨询顾问转，要有能力担当企业资金管家，通过结合企业的经营管理，提出银行整体解决方案，使贷款和采购支付、销售回款和现金管理、供应链协同完美契合。

[忠告九]销售银行产品要因企而异

银行销售金融产品要因企而异，根据客户的产业链规律、现金流特点、商业模式结构来灵活设计、组合运用银行信贷产品，但要求客户必须做结算的"灵魂"是不会变的。"变化的信贷＋不变的结算"是永恒的主题。

对于周转速度快的流通类企业，适合使用"银行承兑汇票＋结算产品"，通过循环使用银行承兑汇票，企业可以降低成本，银行可以获得存款。

对于周转速度稍慢、对上游处于强势的制造类企业，适合使用"商业承兑汇票＋结算产品"，通过商票创造关联营销机会。

对于周转速度更慢而利润极高的开发商，适合办理"开发贷＋按揭贷款封闭＋结算产品"，提供资金批发信贷创造利润，不可一个模式不变。

我们要根据客户的不同特点，有针对性地、差异化地营销各类银行信贷产品与结算产品的组合，不能总是一个套路——提供流动资金贷款。否则，就是一场空。

"一招鲜，吃遍天"的时代已经过去。

［忠告十］去争抢企业基本结算账户

银行一定要去抓基本结算账户、主要结算账户，一旦企业主要结算账户指定在你这家银行，尤其是其往来结算的收款账户银行，那这个账户就会非常稳定，而且很难改变。结算会增强与客户合作的黏性，结算沉淀多是活期存款。

必须在企业刚成立时就及时切入。企业成立后开立的第一个结算账户，往往是主要收款账户。尽可能要求借款人将销售合同、增值税发票账户及开户行改成本银行。为企业建立收款中心、付款中心，帮助企业高效率地办理收付款结算。

开立结算账户会呈现"马太效应"。银行越做结算，负债成本越低，越会加大力度支持企业，企业获得资源越多，效益越好，现金流越大，在银行结算就会越多。

通过结算账户有利于银行及早识别风险。可以通过观察企业基本结算账户资金的进进出出，判断企业经营状况，最终判别企业的风险。

企业的结算流水就像人体的血液循环，如果人体的血液流动正常，那么这个人就是健康的。